Ute Liesenfeld

Glücksorte auf Ibiza

Mit Formentera

Droste Verlag

Für meine Eltern, die Ibiza 1971 für uns entdeckt und zu unserer zweiten Heimat gemacht haben.

Liebe Glücksuchende,

Ibiza ist ein Lebensgefühl. Die kleine Baleareninsel hat eine eigene DNA, ein besonderes Publikum und eine einzigartige Stimmung. Schwerelos, kosmopolitisch, frei. Schon immer war Ibiza ein Treffpunkt der Künstler, der Aussteiger und Sinnsucher, eine Insel für Individualisten. Menschen jeden Alters und jeder Couleur werden von der entspannten Atmosphäre angezogen. Hier lernt die Seele fliegen. Das Nachtleben ist legendär. Sie ist eine der beliebtesten Partyinseln Europas, aber vor allem ein traumhaftes Naturparadies. Auch in den Sommermonaten findet man stille Buchten, in denen man den Tag verträumen kann. Szenige Beach Clubs und lauschige Landrestaurants liegen nah beieinander. Die Hochsaison dauert knapp drei Monate, die Urlaubssaison sechs, und wenn die Herbstferien zu Ende gehen, fällt Ibiza in den Winterschlaf, bis zur Osterwoche, der Semana Santa. Für viele ist die Insel dann am schönsten. Ihr unwiderstehlicher Charme liegt in der Vielfalt auf kleinstem Raum. In einer Stunde durchquert man die Insel in ihrer ganzen Länge und genießt dabei die Schönheit der Landschaft. Die bewaldeten Berge und fruchtbaren Ebenen, die Oliven-, Mango- und Orangenhaine, die weißen, kubischen Landhäuser – Fincas genannt. Wer einmal hier war, kommt immer wieder! Es heißt, die Insel habe eine außergewöhnliche Energie.

Ihre Ute Liesenfeld

Deine Glücksorte ...

… noch mehr Glück für dich

Logenplatz fürs Laisser-faire

1 *La Calma im Sporthafen von Ibiza-Stadt*

Es gibt keinen schöneren Platz für ein Frühstück in der Inselhauptstadt als die Tische des Restaurants La Calma an der Kante des alten Hafenbeckens, genau gegenüber der Altstadt. Der Blick auf den Stadtberg ist überwältigend. Wie eine unbezwingbare Festung schwebt die Oberstadt Dalt Vila über den Mauern, überragt vom Glockenturm der Kathedrale. Im Morgenlicht erinnern die aufeinandergestapelten weißen Häuser vor dem blauen Himmel an ein Bild aus einem Kinderbuch. Vor dem Frühstückstisch gleiten Boote vorüber, elegante private Jachten, Fähren nach Formentera, ein gemütliches Shuttleboot, das den alten Hafen mit dem neuen Jachthafen Botafoch verbindet. Bisweilen kreuzt die Balearia das Hafenbecken, und sekundenlang verschwindet der Häuserberg hinter dem riesigen Schiffskörper. La Calma bedeutet Ruhe, und der Name ist Programm, zumindest am Vormittag. Bei Kaffee und Croissant kann man zusehen, wie die Stadt langsam erwacht. Nur wenige Gäste teilen sich die grandiose Aussicht und entspannte Atmosphäre. Mittags speisen im La Calma Bootseigner und spanische Geschäftsleute, am Abend die Apartmentbesitzer von Botafoch. Das war nicht immer so. Noch vor einigen Jahren kannten nur die Einheimischen und Bootsleute die einfache Hafenbar. Dann wurde das Lio eröffnet, das schillernde Night Club Variété, und lockte ein neues, zahlungskräftiges Publikum an die Mole. Wer im Lio an einem Tisch am Hafenbecken sitzt und statt zur Show zur Altstadt blickt, wird unweigerlich das La Calma erblicken. Inzwischen drehen am Abend auch hier Musik und Stimmung auf, und die stille Hafenbar wird zur hippen Lounge. Alles ist schicker und cooler geworden, das Restaurant von Grund auf erneuert. Nur die Festungsmauern und die stolze Kathedrale leuchten wie eh und je über dem blinkenden Häuserberg. Beim großen Feuerwerk am 8. August sitzt man im La Calma in der allerersten Reihe. Rechtzeitig reservieren!

TIPP

50 Meter links: Cappuccino Café, die kosmopolitische Variante mit Biomüsli, Obstsalat und guter Musik.

La Calma, Café-Restaurant & (im Sommer) abends Lounge-Bar im Puerto Deportivo Ibiza Nueva, Paseo Juan Carlos I, 07800 Eivissa, Tel. +34 971 59 55 95

Zufahrt über die Marina; hinter der Schranke gibt es gebührenpflichtige Parkplätze

Nostalgie in Bronze

2 *Das bronzene Hippie-Paar in Ibiza-Stadt*

An einer Einfallsstraße von Ibiza-Stadt hängt ein Plakat mit den berühmten Zwillingskirschen. Darauf ein nostalgisches Foto, das eine kleine, weiße Finca inmitten braunroter Felder zeigt, und ein kurzer Text: „La isla, con la que soñamos", auf Deutsch: Die Insel, von der wir träumen. Ein Satz, zwei Früchte, und jeder weiß, was gemeint ist. Aus dem Bauernhaus wurde die berühmteste Diskothek der Welt: das Pacha. Ein Kind der Hippie-Ära. 1967 gründet Ricardo Urgell den ersten Club in Sitges bei Barcelona, 1973 folgt Pacha Ibiza, ein Komet am Partyhimmel und noch immer der hellste Stern des Pacha-Imperiums. In der umgebauten Finca feiern allabendlich 3.000 Menschen. Auf den Feldern, die einst bis zum Meer reichten, stehen schicke Apartmenthäuser. Vorbei die Zeit, in der die Hippies ins Pacha gingen, mit Congas, Bongos und Didgeridoos. Im Sommer wurde im Freien getanzt, im Winter brannte das Feuer im Kamin der Finca-Disco. Man wird nostalgisch bei diesen Gedanken. Kleiner Trost: „Flowerpower" ist eine regelmäßige Themenparty im Pacha; gespielt wird Musik aus den 60er- und 70er-Jahren, ohne Schlaghosen-Zwang. Eine kleine Abwechslung zu House und Techno von David Guetta, Solomun, Sven Väth & Co. Nach Ibiza kommen sie alle. Zwei handfesten Hippies begegnet man auf dem Hafenboulevard in Ibiza-Stadt: ein langhaariger Vater geht mit seiner Tochter spazieren. Zu ihren Füßen die Weltkarte der Hippie-Kommunen. Das ikonische Paar ist das populärste Motiv unter den herrlich nostalgischen Postern, die es in den Pacha-Shops zu kaufen gibt. Der Fotograf Toni Riera hat es in Amsterdam abgelichtet, aber Ibiza hat es berühmt gemacht. Es steht wie kein anderes für die Hippie-Kultur und das unkonventionelle, lässige Leben auf der Sonneninsel. Ricardo Urgell hat der Stadt die Bronzefiguren geschenkt, die der Architekt Ció Abelli nach dem Kultfoto gestaltet hat. Ein Denkmal für eine liebenswerte Zeit und den aus ihr entstandenen Club. Für Liebhaber des Pacha ist das Selfie mit den Figuren ein Muss.

TIPP Die angesagteste Underground-Party der Insel findet im Sommer montags im DC-10 statt. Ganztägig!

Bronzenes Hippie-Paar, Kreuzung der Straßen Lluis Tur i Palau und Guillem De Montgri im Hafen, 07800 Ibiza

CARRER
DE
CAN
POU
BAR
SAN FRANCISCO

Das Paradies der Pferde

3 *Ibiza Horse Valley in den Bergen von Sant Joan*

Ibiza, die Partyinsel. Der Inselkenner wundert sich über das einspurige Denken und freut sich über die Ruhe, die sie einem Großteil der Insel beschert. Anscheinend kommen die meisten Gäste nie über Ibiza-Stadt und den Dunstkreis der Diskotheken hinaus. Wie leicht werden (Vor-) Urteile bestätigt, auch wenn sie von der Wahrheit so weit entfernt sind wie das „Pacha" vom Tal der Pferde in den Bergen von Sant Joan. Ibiza Horse Valley ist der Name des Gestüts, das im Herz der Serra Grossa, also im touristischen Niemandsland, liegt. Teil dieser urwüchsigen Berglandschaft im äußersten Nordosten der Insel ist der Naturpark Es Murta; hier leben die glücklichen Pferde in einem weiten, waldigen Tal – ein Erholungsheim für Pferde. 40 Hektar Glück verheißende Pferdekoppel für geschundene und verlassene Tiere. Eine Art Reha- und Wellnesszentrum, denn Pflege und Zuwendung verwandeln die vernachlässigten Vierbeiner wieder in lauffreudige Traber. Kein Wunder, die Bedingungen sind optimal: Statt isoliert in getrennten Boxen leben die von Natur aus kontakt- und lauffreudigen Tiere unter freiem Himmel in einer großen Herde, was ihrem natürlichen Temperament und Lebensraum entspricht. Man muss kein Reiter sein, um den Zauber dieses Ortes zu spüren, doch wer die herrliche Berglandschaft am liebsten im Sattel erkunden möchte, hat hier die ultimative Startposition. Die Waldbrände der letzten Jahre haben die Pinienwälder gelichtet und teilweise gerodet, was den Ausblick geweitet und – auch wenn es zynisch klingt – noch einmal verschönert hat. Von den Forstwegen schweift der Blick über das hügelige Land bis zum Meer. An klaren Frühjahrstagen kann man am fernen Horizont die Gipfel der mallorquinischen Tramuntana ausmachen. Anfänger sind genauso willkommen wie erfahrene Reiter; die Besitzer kennen ihre Pferde und beraten bei der Suche nach dem „perfect match". Der Reiterhof ist gemeinnützig; die Tiere werden nicht gehegt, um verkauft zu werden, sie verbringen hier ihren Lebensabend.

TIPP

Auf breiten Forstwegen zum Puig des Fornàs (412 m), dem Gipfel der Serra Grossa, wandern.

Ibiza Horse Valley, Lloc Can Batista, S/N, 07810 Sant Joan de Labritja, Tel. +34 680 62 49 11
www.ibizahorsevalley.com

Der Wanderweg zum Puig des Fornàs beginnt bei Kilometer 2,2 hinter Sant Joan in Richtung Cala de Sant Vicent

Tapas, Tapas, Tapas

4 *La Bodega in Dalt Vila*

Kein anderes Gericht verbinden wir so sehr mit Spanien wie Tapas, die kleinen Häppchen – wörtlich (Glas-)Deckelchen – zu Wein und Bier. Doch erstaunlicherweise gibt es auf Ibiza nur sehr wenige Tapasbars. Die schönste der Inselhauptstadt liegt am Fuß der riesigen Stadtmauer, hinter der großen Rampe, die zur Oberstadt hinaufführt. Wenn man sich beim Aufstieg links über die Brüstung beugt, schaut man den Gästen der Tapasbar direkt auf den Teller. Die kleinen Klapptische und -stühle stehen entlang der Hausmauer unter einer riesigen Bougainvillea. Das Menü ist lang und ein Querschnitt südländischer Küche, natürlich inklusive der spanischen Klassiker. Im Sommer heißt es warten, bis ein Tisch frei wird; schon kurz nach der Öffnung sind alle Tische besetzt. Am besten, man ruft vorher an oder geht vorbei, um sich anzumelden, z.B. bei Thierry, dem Mann mit den Hosenträgern.

Wenn die Bodega im Herbst schließt (und nicht nur dann), ist das El Zaguán eine brodelnde Alternative. Hier geht es noch authentischer zu, denn in dem hellen Raum dominieren die Einheimischen, was man unschwer am Lärmpegel erkennt. Es gibt keine Terrasse, dafür eine lange Glastheke, an der man auf Barhockern sitzt und die Tapas begutachtet, die beim ersten Rundgang liegenblieben. Im El Zaguán werden die Weißbrothäppchen wie „fliegendes" Fingerfood auf Cocktailpartys angeboten. Ein Ober geht mit dem Teller von Tisch zu Tisch, und man nimmt sich, was man möchte. Gereicht werden kleine Weißbrotscheiben, deren Belag mit einem Pinxo (Holzstäbchen) festgesteckt ist: Garnelenkroketten, Sardinen, Hühnerbrust, Manchego, Tortilla und mehr. Immer wieder kommen kleine Verführungen aus der Küche, den ganzen Abend lang. Man darf auch Wünsche äußern oder aus dem Menü bestellen. Aber eigentlich ist die Überraschung ein großer Teil des Tapasvergnügens. Abgerechnet wird nach der Anzahl der Pinxos auf den Tellern; man vertraut den Gästen. Ein schönes Gefühl. Hoffentlich geht die Winterpause in diesem Jahr schnell vorbei.

TIPP

Comidas Bar San Juan. Die Spanier stehen Schlange für die traditionelle Küche. Guillem de Montgri 8.

La Bodega, Carrer Bisbe Torres Mayans, 2, 07800 Eivissa, Tel. +34 971 19 27 4;
El Zaguán, Avenida de Bartolomé Rosselló, 15, 07800 Eivissa, Tel. +34 971 19 28 82

BAR
LA BODEGA

Wilde Schönheit der Salinen

5 *Salinas Strand am Naturschutzgebiet*

Wenn Ibiza-Urlauber von den Salinen sprechen, dann meinen sie meist nicht die Wasserbecken, aus denen das kostbare Meersalz gewonnen wird, sondern die traumhaften Strände, die diese Naturlandschaft zum Meer hin säumen. Hinter dem Dünenwall wachsen knorrige Pinien und Sadebäume, Rosmarinbüsche und Zistrosen, ein geschütztes Ökosystem mit verschlungenen Sandwegen zwischen dem Unterholz. Über kurz oder lang führen alle Wanderungen zum Strand, dem längsten und populärsten der Insel, Liebhaber sagen: dem schönsten. Ein weiter Bogen hellen, feinen Sandes, der Richtung Osten – wo ein alter Wehrturm die Spitze markiert – in vielen winzigen Buchten ausläuft. Das Meer hat die Klippen ausgehöhlt und romantische Sandinseln zwischen den Felsbrocken zurückgelassen. Dazwischen menschliche Spuren: verwaschene Felsreliefs, Köpfe, Tiere, zerfließende Formen, Relikte aus der Hippie-Zeit. Am frühen Sommermorgen ist noch kaum jemand da, das Meer, wie unberührt, schimmert türkisblau, von unwirklicher Schönheit. Im Laufe des Vormittags füllt sich der Strand, und spätestens am Nachmittag, wenn die letzten Discogänger aus den Betten steigen, wird es brechend voll, zumindest in der Hochsaison. Dann steht die Einsamkeit des Naturschutzgebiets in krassem Kontrast zum fiebernden Strandleben. Hier treffen sich alle: Einheimische und Urlauber, Party-People und Familien, Selbstdarsteller und Voyeure, Trendsetter und Follower. Tagesprogramm: Sonnen, Baden, People-Watching. Fakultativ: Shoppen, Massage, Wassersport, Snacks & Drinks, untermalt von groovigen Rhythmen und weichen Elektro-Sounds. Aber wo? Guaraná, Beso Beach, Jockey Club oder Malibu Beach Club? Manch einer döst im Sand, um den Schlaf nachzuholen, den er in der Nacht versäumt hat, während die Animateure der großen Discos schon wieder über den Strand ziehen, um feierfreudiges Publikum für den kommenden Abend zu werben. Im Sa Trinxa steigt die Party am Strand; aus der farbenfrohen Bar dringen die unverkennbaren Ibizavibes.

TIPP

Im Winterhalbjahr traumhaft für Strandspaziergänge. Im Sommer früh kommen. Ideal: Bus 14 oder Roller.

Platja de ses Salines, 07830 Sant Josep, 11 km südwestlich von Ibiza-Stadt an der Südspitze der Insel

Anfahrt über die Autobahn zum Flughafen, Ausfahrt Es Cavallet

Finca mit Fashion

6 *Das Modegeschäft Ibiza Code*

Das schönste Geschäft der Insel ist ohne Zweifel Ibiza Code am Stadtrand von Ibiza. Das Modegeschäft residiert in einer traumhaften alten Finca direkt an der Landstraße, die von der Inselmitte über Ca Na Negreta zur Hauptstadt führt – kurz vor der Straßenüberführung, die zum Flughafen führt, auf der rechten Seite. Das dichte Grün, in dem das einstige Bauernhaus früher verschwand, musste der Verbreiterung der Landstraße weichen. Jetzt duckt sich das herrliche Anwesen hinter einen hohen weißen Bretterzaun. Wer weiterfährt, verpasst die Gelegenheit, eine authentische und außergewöhnlich schöne Finca zu besichtigen, ganz zu schweigen von der geschmackvollen Auswahl an Mode und Accessoires, die es in den Innenräumen zu entdecken gibt. Die bäuerliche Vergangenheit des Ortes ist auch in vielen Details der Inneneinrichtung zu spüren. Lampen, Kleiderständer, Regale – jedes Stück atmet Stall und Acker. Eine Fundgrube für Ästheten, ein Muss für Interior-Fans!

Ibiza ist nicht Marbella; wer teure Designerläden sucht, ist hier falsch am Platz. Neben den populären spanischen Marken wie Mango, Zara, Stradivarius, Bershka und Pull & Bear (die alle zur spanischen Textilgruppe Inditex gehören) findet man zahlreiche kleine Boutiquen, aber so gut wie keine Luxusgeschäfte. Nur im neuen Jachthafen poppen jetzt Edelmarken auf, damit sich die Jachtbesitzer standesgemäß einkleiden können. Eigentlich überflüssig. Ibiza ist lässig, und so ist hier auch der Kleiderstil. Weiß dominiert auf der „Isla blanca“ (genannt Adlib Mode), aber auch Flowerpower, vor allem auf den Hippie-Märkten. Auch ohne Gucci & Co. ist Ibiza ein Einkaufsparadies, dafür sorgt schon die einmalige Atmosphäre der Stadt. Bis spät in die Nacht wird in den schmalen Gassen flaniert, gekauft, gegessen und getrunken. Die Öffnungszeiten der Altstadtgeschäfte sind dem Klima und dem Urlaubsrhythmus angepasst: tagsüber Strand, abends Shopping. Viele Boutiquen haben in den Sommermonaten bis Mitternacht geöffnet.

TIPP Ein zweites Ibiza Code gibt's in der Altstadt, in der Calle de la Cruz 21.

Ibiza Code/Figuera D'Indi, Carr. Sta. Eulalia, Km 2,5, 07819 Jesus, Tel. +34 971 935 959
www.ibzcode.com

Versteckte Idylle

7 *Die Platja S'Estanyol*

Es gibt kein Hinweisschild, nur ein bemalter Stein weist den Weg zu der kleinen Sandbucht nordöstlich von Talamanca. Ein holpriger, nicht asphaltierter Sandweg führt hinab, und im Hochsommer sind die Pinien links und rechts des Weges grau vom aufgewirbelten Staub. Die versteckte Bucht ist eine beliebte Location für „Secret Parties", denn Pauschaltouristen verirren sich nur sehr selten hierher. Selbst im Hochsommer ist die Platja S'Estanyol nie überfüllt, obwohl sie so nah an Ibiza-Stadt liegt. Es hat seinen Grund, dass die Villenbesitzer der näheren Umgebung lieber im eigenen Pool baden gehen: Der Sandstrand endet abrupt an der Wasserkante. Der Meeresboden selbst ist uneben und steinig und außerdem so flach, dass man nicht einfach losschwimmen kann. Ein Holzponton hilft, die ersten Meter zu überbrücken. Doch dann ist das klare Wasser ein reiner Genuss. Wer Einsamkeit sucht, klettert zu den Felsklippen neben den alten Bootsgaragen, wo das Meer über dem Sandboden smaragdgrün leuchtet und man im niedrigen Wasser stehen kann, umrahmt von samtenen Bergen. Zur wilden Ursprünglichkeit der Natur gesellt sich das atmosphärische Restaurant „Cala Bonita" (Hübsche Bucht). Naturstein, Korblampen, marokkanische Möbel, Lampen und Stoffe geben der strohgedeckten Terrasse ein besonderes Flair. Serviert wird kreative mediterrane Küche. Nicht erschrecken, wenn die „wilde Dorade" im Menü ein Vermögen kostet. Auf der Tapaskarte gibt es Kleinigkeiten zu zivilen Preisen. Oder man bringt sich das Picknick mit, verträumt den ganzen Tag am Strand (auf dem eigenen Handtuch oder der bequemen Strandliege – vor Ort zu mieten) und lässt sich von den typischen Ibiza-Sounds einlullen. Beach Club Feeling mit esoterischem Touch. Der Weg zur Cala S'Estanyol führt durch Jésus, einen stark gewachsenen Ort, der heute wie eine Vorstadtsiedlung der Hauptstadt anmutet. Übrigens: Im Spanischen spricht man den Namen des Erlösers mit einem Kehllaut aus, also j wie ch in Ach, und betont ihn auf der zweiten Silbe.

TIPP **Meisterwerk valencianischer Künstler: der Retablo der Kirche Mare de Déu in Jesús aus dem 15. Jh.**

Platja S'Estanyol, Camí de S'Estanyol, 07840 Santa Eulalia del Río
Cala Bonita Beach Club: Tel. +34 605 45 05 92, www.calabonitaibiza.com
Anfahrt über Jesús und die Straße, die zum Cap Martinet führt. Am Fußballstadion links abbiegen und dann noch etwa 2 km geradeaus

Fernost mit Flair

8 *Das Patchwork über der Bucht von Talamanca*

„Being normal is boring" (Normalsein ist langweilig) steht auf dem poppigen Poster hinter der Sitzgruppe und drückt das aus, was viele Menschen auf Ibiza erwarten – und abseits der Clubanlagen und Pauschalhotels auch häufig finden: Extravaganz, flippige Outfits, coole Plätze, nicht das Alltägliche. Schon in den 70er-Jahren stolzierte der deutsche Aussteiger und Künstler Ernesto Ehrenfeld (dem man eine gewisse Ähnlichkeit mit Jean-Paul Belmondo attestierte) an der Barmeile der Marina entlang, ließ sich in exzentrischen Outfits bestaunen und zelebrierte als einer der Ersten die Kunst der Selbstdarstellung.

Ein Hingucker ist auch die herrliche Dachterrasse des Restaurants Sa Punta, und zwar in doppelter Hinsicht: stylisches Ambiente und atemberaubende Aussicht auf die Bucht von Talamanca und die Silhouette von Ibiza-Stadt. Hier oben serviert das Bar-Restaurant Patchwork ausgezeichnete libanesische Küche zu erfreulich fairen Preisen. Ein Gedicht sind die kalten und warmen Mezze (Vorspeisen): Humus, Baba Ganouj (Auberginenkaviar), Falafel und Tabouleh (Bulgursalat mit Minze), knusprig und köstlich die Pastilla, eine marokkanische Spezialität mit Hühnchen und Mandeln, exotisch der Seebarsch mit Kreuzkümmel und die Hackfleischbällchen mit Kardamom. Es duftet nach Arabien. Leuchtend bunt sind die Design-Zutaten wie die bunten Sofas und Lounge-Kissen; sie geben der schicken Location Charakter und eigenwilligen Charme. Man sollte am frühen Abend kommen, wenn viele noch am Strand oder zu Hause unter der Dusche sind, aber mindestens eine Stunde vor Sonnenuntergang. Im wechselnden Licht des sich langsam verdunkelnden Himmels bietet die Bucht von Talamanca mit ihren Seglern und Motorjachten ein faszinierendes Schauspiel. Wer ohne Reservierung eintrifft und bei der Tisch-Anfrage leer ausgeht, hat vor Ort zwei Alternativen: das klassische „Sa Punta", cool und edel, und die Asian Food Bar „Ginger" schräg dahinter. Asiatische Schirme sorgen für Flair und Farbe.

TIPP

Mittagsmenü in der „Trattoria del Mar" im Hafen Botafoch, Puerto Deportivo Marina.

Es Pouet de Talamanca, s/n, 07819 Santa Eulalia des Río, Tel. +34 971 19 34 24

9 *Die Oberstadt Dalt Vila*

Uneinnehmbar wirkt die befestigte Oberstadt Dalt Vila, und doch wechselten die Machthaber von Stadt und Insel mit den Zeitläuften, was die Einheimischen mit Gleichmut hinnahmen. Toleranz und Weltoffenheit haben in Ibiza lange Tradition. Abseits der Plaza de Vila, dem ovalen Hauptplatz hinter Rampe, Zugbrücke und Waffenhof, taucht man in mittelalterliche Stille ein, ein unglaublicher Kontrast zur pulsierenden Unterstadt. Von den Zinnen und Aussichtsterrassen blickt man auf das Gewirr aus weißen Häusern, die geschützten Hafenbecken und das offene Meer, das immer neue Eroberer auf die Insel brachte. Die Ersten waren die Karthager. Im 7. Jahrhundert. v. Chr. gründeten sie Ibosim und bauten die Stadt zum Militär- und Handelsstützpunkt aus. Pökelfisch und Salz waren begehrte Exportartikel, genauso Wein, Feigen, Getreide, Oliven und Purpur. Die Erde der Insel galt als heilend und heilig; Ibiza wurde Pilgerort und begehrte Ruhestätte. Mit dem Sieg der Römer über die Punier endete die Epoche. Ibiza mutierte zum autonomen römischen Bündnispartner, und alles blieb beim Alten, bis Kaiser Vespasian 70 n. Chr. die Insel zum tributpflichtigen Municipium degradierte. Dann ging es Schlag auf Schlag: 425 landeten die plündernden Vandalen, 535 die Byzantiner. 711 folgten die Mauren, die Wirtschaft und Wissenschaft zum Blühen brachten und in Sprache, Musik und Brauchtum Spuren hinterließen. 1235 eroberten die Katalanen Dalt Vila, weil ein Bruder des herrschenden Scheichs den Zugang verriet. Die heutigen Stadtmauern stammen aus dem 16. Jh.; sie wurden von Karl I. in Auftrag gegeben und unter Philipp II. fertiggestellt, um den Besitz der spanischen Krone vor Korsaren zu schützen, die nach der Entdeckung der Neuen Welt das Mittelmeer unsicher machten. Heute schützt der UNESCO-Titel „Weltkulturerbe“ Dalt Vila vor unerwünschten Übergriffen. Fünf Tore führen in die Oberstadt Dalt Vila. Das imposanteste ist das Haupttor Portal de Ses Taules hinter der großen Rampe.

TIPP

Von der Plaça d'Espanya, an der das Rathaus steht, führt ein Fußgängertunnel weiter nach oben.

Die Oberstadt Dalt Vila, 07800 Ibiza

Der Luxus der Einfachheit

10 *Das Chiringuito de María in Talamanca*

Es ist einer dieser typischen Lieblingsplätze, die man für sich behalten und nur mit guten Freunden teilen will: das Chiringuito de Maria am Cap Martinet, dem felsigen Ende der Bucht von Talamanca. Sie ist eine der größten Sandbuchten der Insel und eine, die man vom Hafen Botafoch (Ibiza-Stadt) leicht zu Fuß erreichen kann. Doch Ibiza-Stadt liegt am südlichen Ende, das Chiringuito am nördlichen; bis hierhin kommen die wenigsten, sie werden vorher von anderen Terrassen abgefangen. Zum Glück! Es ist die Abgeschiedenheit, die den besonderen Reiz des Chiringuitos ausmacht. Die kleine Holzbude steht hart am Wasser. Unter dem Vordach sitzt man auf Holzbänken an langen Tischen oder – improvisiert und umso charmanter – auf weißen Plastikstühlen direkt auf den Felsen. Kleine Klapptischchen werden nach Bedarf dort aufgestellt, wo sich eine halbwegs gerade Fläche bietet. Der Blick ist grenzenlos: links das offene Meer, rechts die von Bergen gesäumte Bucht, gekrönt von Altstadthügel und Kathedrale. Aus der kleinen Bretterbude kommen frisch gebratene Fische oder perfekt gegarte Lammkoteletts, als Beilage kalte Kartoffeln und Salat. Wer das nicht mag, muss hungrig bleiben. Eine Karte gibts auch nicht, aber fantastischen Nachtisch: einen saftigen Mandelkuchen aus Galizien, die Tarta de Santiago. Am schönsten sind die Stunden vor und nach dem Sonnenuntergang, wenn sich der Himmel langsam verfärbt und rund um die Bucht die Lichter angehen. Wenn es dunkel ist, hilft eine Bootslampe beim Grätensortieren. Seit 2017 ist es noch schwieriger, einen Platz zu bekommen, obwohl die Felsen neben dem Chiringuito eigentlich viel Raum für kleine Klapptischchen bieten. Inzwischen dringt das Ordnungsamt darauf, dass die im „Ley de Costas" festgelegte Höchstzahl an Gästen bzw. Tischen nicht überschritten wird. Nach Jahrzehnten der Freiheit jetzt diese Gängelung. Wahrscheinlich war den schicken Nachbarrestaurants der Erfolg der kleinen Strandbude ein Dorn im Auge.

TIPP Frühstück im Beachhouse, dem schönsten Platz der Platja d'en Bossa. Ballermann mit Stil und Anspruch.

Chiringuito de María/Fish Shack, 07819 Cap Martinet

Anfahrt wie zum Restaurant Sa Punta/Patchwork. Unterhalb dieser Restaurants auf den Felsen entlang Richtung offenes Meer

Zugang zur Unterwelt

11 *Die Nekropole der Punier in Ibiza-Stadt*

Im 7. Jahrhundert v. Chr. erreichte das Seefahrervolk der Phönizier die kleine Insel im Mittelmeer und gründete auf dem Berg neben der Ankerstelle eine Siedlung: die Keimzelle der heutigen Oberstadt Dalt Vila. Auf dem Nachbarhügel entstand der Friedhof, nah bei den Lebenden, aber getrennt durch einen natürlichen Graben, ein idealer Standort. Man bettete die Toten in vorhandene Hohlräume oder schlug Grabkammern in den weichen Sandstein. So wuchs die Nekropole von Jahr zu Jahr und dehnte sich bald über den ganzen Hügel aus. In römischer Zeit erstreckte sich das Gräberfeld bis zur Avenida España und der Calle Aragón. Dann wuchs im wahrsten Sinn des Wortes Gras darüber, und die Totenstadt geriet in Vergessenheit. Leben und Landwirtschaft breiteten sich aus; hoch oben drehten sich die Windmühlen; sie haben Ort und Museum den Namen gegeben: Puig des Molins. Die ibizenkischen Bauern pflanzten Obst- und Olivenbäume in die Erdmulden, ohne zu ahnen, was sich darunter befand. Die tief gelegenen Gräber waren mit Steinplatten verschlossen und meterhoch mit Erde bedeckt: perfekte Pflanzlöcher. Jahrhundertelang blieb die Totenstadt unentdeckt. Erst 1947 enthüllte der Zufall das Geheimnis des Berges, als ein Esel in einen unvermuteten Hohlraum stürzte. Etwa 3.000 Grabkammern schlummern noch immer unter der Grasnarbe. Es wird dauern, bis alle geöffnet sind und man wieder wie früher zum Gipfel des Berges hinaufsteigen kann.

TIPP

Museum für Zeitgenössische Kunst MACE in Dalt Vila, Ronda de Narcis Puget Viñas.

Die Grabkammern, die man heute besichtigt, liegen am Fuß des Hügels – nur wenige Räume, doch genug, um das Ausmaß der Nekropole zu fühlen. Ein Sturzhelm schützt vor Felskanten, während man durch die Unterwelt streift. Vom 7. Jahrhundert v. Chr. bis ins 13. n. Chr. wurden hier Menschen bestattet, wobei sich die Riten mit den Herren der Insel wandelten: Phönizier, Römer, Araber. Sarkophage, Skelette und Grabbeigaben zeugen von dem jahrtausendealten Totenkult. Die Perlmutt-Halsketten im Museum schimmern so silbrig wie die Blätter der Olivenbäume auf dem Puig des Molins.

Museo Puig des Molins, Via Romana, 31, 07800 Eivissa, Tel. +34 971 17 60 90

Schlaraffenland für Köche

12 *Der Mercat Nou in Ibizas Neustadt*

Eine Augenweide ist der Betonklotz nicht, aber ein beliebter Anlaufpunkt für Gastronomen, Köche und Genießer. Im Mercat Nou, dem Neuen Markt, erhält man alles, was man sich in den Kochtopf und auf den Teller wünscht, möglichst frisch vom Acker oder aus einem lokalen Obst- und Gemüsegarten. Vieles wächst auf der Insel und wird zunehmend biologisch angebaut, wie die köstlichen einheimischen Kartoffeln mit ihrer rötlich-braunen Schale, Zitronen, Orangen, Mangos und Avocados, die auf den Obstplantagen im östlichen Teil der Insel reifen. Beim Metzger stechen Schinkenkeulen ins Auge, fette, gelbe Landhühner (pollo payés) mit riesigen, krallenbewehrten Füßen und ganze Kaninchen mit Kopf und Zähnen. Beliebter Blickfang und die ultimative Herausforderung für Vegetarier und zart besaitete Gemüter: der grotesk lächelnde Spanferkelkopf. „Cochinillo" gilt auch in Ibiza als Delikatesse. Keine Frage, an der Fleischtheke treten kulinarische und kulturelle Unterschiede zutage. Doch beim Fisch ticken Nord- und Südeuropäer gleich: Butt, Brasse, Rochen und Drachenkopf begeistern im Ganzen, auch wenn sie fürs „Guisat de peix", den inseltypischen Fischeintopf, säuberlich zerlegt werden. Wer in Ibiza ein Apartment oder Ferienhaus mietet und gerne selbst am Herd steht, kann die ganze Fülle des populären Feinkostmarktes auskosten. Aber man darf sich auch vor Ort bewirten lassen und bei „Pulpo frito" und Tortilla an der Seele des Volkes horchen. Ein phonstarkes Vergnügen, denn der Mercat Nou ist der gesellige und sozioökonomische Mittelpunkt der Neustadt, quirliger Treffpunkt, Nachrichtenbörse und Schlagader des Geschäftslebens. Sein beschauliches Gegenstück ist der Mercat Vell (Alte Markt) am Fuß der Rampe zur Oberstadt, eine offene Markthalle im Stil eines griechischen Tempels, in der Obst, Gemüse und Blumen verkauft werden. Sechs Tage die Woche, von 7 bis 14 Uhr. Sonntag ist Ruhetag – in beiden Märkten. Dann treffen sich ibizenkische Familien und Freunde zum Paellaessen.

TIPP

Dunkles Brot und französische Croissants gibt es im Bäckerei-Café Croissant Show, Plaça de la Constitució, 2.

Mercat Nou, Carrer de Canàries, 5A, 07800 Eiviss

CECINA DE LEON
4,50
ACEITE OLIVA
VIRGEN EXTRA
6,00
4,50
4,25
7,99
4,50
PROPIA

Die Leichtigkeit des Seins

13 *Der Naturstrand Es Cavallet und seine Szene*

Ibizas größte Naturschätze liegen im Wasser: die ausgedehnten Seegraswiesen, mit botanischem Namen „Posidonia oceania". Sie sind Teil des Naturparks Ses Salines und bilden ein einzigartiges Ökosystem, dem die Insel die Auszeichnung Weltnaturerbe verdankt. Am naturbelassenen Strand von Es Cavallet mögen manche Badeurlauber die Nase rümpfen, wenn sie über federnde Grasmatten ins Wasser steigen müssen. Doch die Berge von Neptungras schützen den Sand vor dem Zugriff der Wellen, geben Hunderten von Meerestieren Unterschlupf und Nahrung, binden CO_2 und wirken wie ein Filter. Sie schenken den Pityusen – Ibiza und Formentera – ihr einzigartiges, kristallklares Wasser.

Im „La Escollera" liegt einem der kilometerlange Strand von Es Cavallet in seiner ganzen Schönheit zu Füßen. Restaurant und Beach Club überblicken den Strand bis zum Leuchtturm, gesäumt vom sanft gewellten Naturschutzgebiet. Seit Jahrzehnten ist der „Wellenbrecher" ein Favorit der Einheimischen und Residenten (Zugereiste mit festem Wohnsitz). Eine charmante Mischung aus Luxus und Lässigkeit, zwölf Monate im Jahr. Wer es sich leisten kann, lädt hier zum Geburtstagsessen oder Hochzeitsbrunch ein. Die schönste Aussicht hat man von den Loungebetten und Tischen ganz vorn am Meer. Zweiter „Place to be" am Strand von Es Cavallet ist das „El Chiringuito" – 300 Meter südlich in Sichtweite. Halb versteckt in den Dünen und zugleich ein Ort zum Sehen und Gesehenwerden. Ibizas Antwort auf die Sylter Sansibar. Der Name ist Understatement pur. Denn das „El Chiringuito" ist alles andere als einfach, quasi die schönste Inkarnation eines Strandrestaurants: An den Tischen am äußeren Rand sitzt man mit den Füßen im Sand neben knorrigen Pinien. Weiße Vorhänge wehen im Wind. Es Cavallet ist übrigens ein offizieller Nacktbadestrand, was die meisten Strandgäste ignorieren. Richtung Süden steigt der Anteil der Nacktbader, denn hier liegt das „Chiringay", das beliebteste Strandrestaurant für Gays und Friends. Es lebe die Freiheit!

TIPP

Highlights zum Saisonstart und -ende: Opening und Closing Party im El Chiringuito.

Playa Es Cavallet, 07817 Sant Jordi/Ibiza
La Escollera, Tel. +34 971 39 65 72, www.laescolleraibiza.com
El Chiringuito, Tel. +34 971 39 53 55, www.elchiringuitoibiza.com

Herzschlag der Hauptstadt

14 *Die Plaça del Parc in Ibiza-Stadt*

Die Cafés am Plaça del Parc sind im Winter genauso voll wie im Sommer. Ein untrügliches Zeichen, dass ihn die Einheimischen lieben. Warum das begrünte Rechteck „Platz des Parks“ heißt, weiß kein Mensch, denn es gibt hier nicht mehr Bäume als auf allen anderen Stadtplätzen. Immerhin kennen die meisten Stadtbewohner jetzt seinen Namen; früher war die Plaça del Parc nur der Platz hinter der „Vara de Rey“. Ein bescheidener Hinterhof des strahlenden Hauptplatzes mit seinen prachtvollen Bürgerhäusern und dem berühmten Hotel Montesol an der Ecke. Jahrzehntelang war die breite Promenade das lebhafte Herz der Stadt, benannt nach dem tapferen General Joaquin Vara de Rey y Rubio, der auf dem Denkmal in der Mitte den Säbel schwingt. Man flanierte unter den Bäumen und auf den Bürgersteigen neben den Fahrstraßen und ließ sich von dem Verkehr nicht stören, der den Platz umflutete und in die Nebenstraßen floss. Dann wurden die Autos ausgesperrt, beide Plätze verkehrsberuhigt – und alles veränderte sich. Plötzlich war der Paseo riesig und leer, trotz der im Pflaster eingelassenen Lichtstäbe und der neuen Café-Terrassen, die von den Hausfassaden weg in die Mitte des Platzes rückten. Nicht wenige Spanier murrten, der Platz habe seine Seele verloren. Auch der kleinere Nachbarplatz Plaça del Parc musste Federn – schlimmer: einige schöne, alte Bäume – lassen, als er neu gefliest und bepflanzt wurde, doch inzwischen sind die neuen Bäume so hoch und dicht, dass sie im Sommer Schatten spenden und im Frühjahr beschnitten werden. Das Leben ist auf den Platz zurückgekehrt; in den Straßencafés und Restaurants herrscht geselliges Gedränge, während der benachbarte Prachtplatz die Fülle vermisst. Vor allem im Winter, denn dann fehlen die Urlauber, die zum Sightseeing zur Vara de Rey kommen. Das Pendant zum Montesol ist das Hostal Parque, weniger elegant, doch sehr populär. Und es gibt noch einen Grund, zur Plaça del Parc zu schlendern: das wunderschöne Geschäft „Natura“. Eine Fundgrube!

TIPP Nur ein paar Schritte entfernt: Restaurant La Brasa mit romantischem, üppig bepflanztem Innenhof.

Plaça del Parc, 07800 Ibiza

ADAGA

Sunset für Paradiesvögel

15 *Experimental Beach am Kap des Falken*

Wenn man sich mit dem Flugzeug vom Meer her der Insel nähert und kurz vor der Landung rechts aus dem Fenster schaut, sieht man es liegen: das Kap des Falken, auf Spanisch Cap des Falco. Ein hoher Bergrücken, der schroff zum Meer und sanft nach Westen abfällt. Zwischen Kap und Flughafen erstrecken sich die spiegelnden Wasserbecken der Salinen, in denen Stelzenläufer, Reiher und Flamingos waten. Eine stille, poetische Landschaft, scheinbar unberührt vom Kommen und Gehen der Urlauber. Ein mächtiger Steinwall trennt das Meer vom Land und lockt nicht zum Baden. Und doch pilgern am späten Nachmittag Hunderte in das Naturschutzgebiet, um vor grandioser Kulisse den Sonnenuntergang zu erleben. Ein schmaler Sandweg führt von der asphaltierten Landstraße zur Küste, vorbei an einem leuchtend weißen Berg aus Salz, Ibizas natürlicher Reichtum. Seit dem 5. Jahrhundert v. Chr. wird hier Salz gewonnen; erst das weiße Gold brachte Technik und Fortschritt auf die Insel: Maschinen, Gleise, Telefon. Jährlich werden Tausende Tonnen Salz aufs Festland und in den Norden verschifft, zum Einsalzen von Fisch und Schinken. Für die Sonnensucher ist der Salzberg vor allem ein beglückendes Fotomotiv, ebenso wie das türkisfarbene Häuschen mit der Aufschrift „Sal de Ibiza“, das mitten im Wasser zu schweben scheint. Inzwischen werden die Stimmen lauter, die einen stärkeren Schutz dieser sensiblen Zone fordern. Also: langsam fahren und rechtzeitig kommen.

TIPP Im Naturpark hinter dem Experimental spazieren gehen und beim Sonnenuntergang auf den Felsen sitzen.

Seit die Experimental Group das Restaurant am Cap des Falco übernommen hat, wird hier überwiegend Französisch gesprochen. Wo sich bis zur Jahrtausendwende nur Salzarbeiter und Insider trafen, nippt jetzt die Pariser „Jeunesse dorée“ am Sunset Cocktail. Ein DJ mixt live. Die Küche serviert spanische Tapas und raffinierte Gerichte aus der Weltküche wie Ceviche von der Dorade und Tempura von Riesengarnelen. Übrigens: ein „Experimental“ gibt es auch in Paris, London und New York. Kosmopolitisch, weltoffen und inspirierend sind sie ja alle.

Experimental Beach, Platja des Codolar, Salinas, 07818 Ibiza, Tel. +34 664 33 12 69
www.eccbeach.com

Anfahrt über die Straße nach Es Cavallet, Abzweig rechts, etwa auf der Höhe des Salzbergs

Julihotspot – Januaridyll

16 *Die Cala Jondal und ihre Beach Clubs*

Natur pur in der Nebensaison, Miami-Feeling im Hochsommer. Der Weg zur Cala Jondal führt durch eine beschauliche Landschaft. Schilf, Wiesen und Äcker, nur wenige Villen auf den Hügeln, die hinter der Küstenebene sanft ansteigen. Ein breiter Kiesgürtel säumt das Ufer; die Natur selbst bewahrte die Bucht vor dem Ansturm der Badelustigen. Dann kamen die Beach Clubs und legten eine Gasse zwischen den Steinen frei. Nun kann man über feinen Sand ins Meer laufen. Neu in der Riege der Luxus-Beach-Clubs ist das Casa Jondal in der Mitte der Bucht: schlicht, geschmackvoll, traumhaft schön, aber preislich so abgehoben wie die Sommerstimmung in den Nachbarclubs Blue Marlin und Yemanja. Zwei Klassiker. Man genießt das Leben – und das Gefühl, dass alle zusehen. Im Hochsommer stehen die Liegen in mehreren Reihen dicht hintereinander. Wer sich herausheben will, relaxt auf weißen Loungesofas, im Taittinger-Himmelbett oder bei der Strandmassage, umhüllt von Aromanebel. Der mondäne Touch steht in spannendem Kontrast zur wilden Ursprünglichkeit der Bucht. Man speist unter knorrigen Pinien und windschiefen Sabinas; das Essen ist vorzüglich, das Preisniveau dem Coolness-Faktor angepasst. Spaghetti mit Hummer, Tenderloin Steak, Wagyu Beef Burger, Wolfsbarsch mit Miso und gegrillte Languste. Beilagen extra. Man gönnt sich ja sonst nichts. Jachtbesitzer lassen sich zum Mittagessen mit dem Schlauchboot abholen. Wer sparen will, bleibt liegen. An den Beach-Betten genießt man Sandwiches, Sushi und mediterrane Snacks. Ein Live-DJ verschönert den Tag mit chilliger Musik, passend zur Tageszeit. Am Abend geht die Party dann richtig ab. Bis spät in die Nacht wird ekstatisch gefeiert. Es gibt ja keine Nachbarn, die es stören könnte. Spätestens im Oktober ist der Run vorbei, und es kehrt Ruhe ein. An warmen Herbst- und Wintertagen kann man im Yemanja wie in früheren Jahren entspannt am Strand zu Mittag essen. Paella, im Zweifelsfall. Dann ist die Schönheit der Natur die größte Sensation.

TIPP Benachbart und versteckt: Cala Es Xarco, auch Cala Virgen genannt.

Cala Jondal, S/n, 07800 Ibiza
Blue Marlin, Tel. +34 603 708 796, www.bluemarlinibiza.com
Casa Jondal, Tel. +34 971 802 766, www.casajondal.es
Yemanja, Tel. +34 971 18 74 81, www.yemanjaibiza.com

REPLAY
MARLIN
IBIZA

Die Macht der Stille

17 *Der Platz vor der Wehrkirche von Sant Agustín*

Man kann jahrelang über die Insel fahren, ohne den kleinen Ort zu bemerken. Er liegt hoch auf einem Berg, fern der Urlaubszentren und Strände, und scheint aus einem einzigen Platz mit Kirche und Gasthaus zu bestehen. Ein Ensemble wie aus dem Bilderbuch. Sant Agustín verkörpert das typisch ibizenkische Dorf, das nicht aus dicht gedrängten Häusern besteht, sondern aus verstreut liegenden Bauernhäusern – den Fincas. Sie prägen die typische Insellandschaft. Aus der Vogelperspektive wirkt die Insel abseits der dicht bewaldeten Berge wie weiß gesprenkelt. Auf Ibiza war es Tradition, den Grundbesitz unter den Kindern aufzuteilen; jedes Kind erhielt sein Landhaus. So entstand über Jahrhunderte die Vielzahl der bäuerlichen Gehöfte. Eine archaische Architektur von großer Klarheit und puristischer Strenge, wie sie auch die hochaufragende Wehrkirche von Sant Agustín zeigt, die mit ihren mächtigen Stützpfeilern von der Seite wie eine Festung wirkt. Keine Kuppel, kein Formenschmuck an den hohen Steinmauern, nicht einmal eine Vorhalle (Porxada). Nur der offene Glockenturm unterstreicht, dass dieses Gebäude ein Gotteshaus ist. Und die drei Holzkreuze neben der Eingangstür, die in ihrer Schlichtheit wie abstrahiert wirken. Wer von Sant Josep kommend statt zum Meer ins Inselinnere blickt, der kann die kleine Wehrkirche thronen sehen. Sie ist die einzige Kirche der Insel, die nicht nach Süden, sondern nach Norden blickt. Das hat seinen Grund: Zwei benachbarte Familien, Can Curt und Can Berri, wetteiferten darum, den Bau auf ihrem Grundstück zu errichten. Die salomonische Lösung: Man setzte die Kirche auf die gemeinsame Grenze und richtete den Bau zu den Mitbewohnern des Dorfes aus. Der Gemeindesinn hat sich zum Glück erhalten. Heute kann man in der Bar Can Berri und im Restaurant Can Berri Vell auf dem Platz vor der Kirche ein Glas trinken oder in romantischen Gärten experimentierfreudige Traditionsküche genießen. Das Gasthaus aus dem 17. Jh. ist eines der ältesten der Insel.

TIPP Can Pujol, spanisches Fischrestaurant, ganzjährig brodelnd, Carrer des Caló, 112, Sant Josep de sa Talaia.

Platz vor der Wehrkirche, 07839 Sant Agustin des Vedra; Bar Can Berri, Plaça Major, 3, Tel. +34 971 80 30 35, www.barcanberri.com,

Restaurante Can Berri Vell, Plaça Major, 2, Tel.+34 971 34 43 21, www.canberrivell.es

Pasta mit Panorama

18 *Das Boutique-Hotel Las Brisas in Es Porroig*

Die Terrasse liegt am Rand der Steilküste. Man fühlt sich fast an einen norwegischen Fjord erinnert, so eindrucksvoll steigen Felsen und Berge aus dem Wasser empor. Die Bucht von Es Porroig ist größer, höher und weiter als alle anderen Buchten der Insel. Sie liegt im Westen der Cala Jondal, von ihr aus gesehen auf der anderen Seite des Hügels. Man passiert den Kamm und ist überwältigt. Der Ausblick lässt den Atem stocken: eine Landschaft wie geträumt. Gewaltiger, als man es der kleinen Baleareninsel zugetraut hätte. Häuser kleben an den Hängen, doch man sieht keinen Weg, der zum Wasser führt, keine Fahrstraße und keine Sandbucht zwischen den schroffen Steinwänden. (Doch, es gibt sie, schmal und von hier oben unsichtbar.) Ein paar Segelschiffe schaukeln auf dem Wasser, doch wo ist der Hafen, in dem sie anlegen könnten? Man folgt der gewundenen Straße den Berg hinunter und wieder hinauf, passiert ein Villenviertel mit eingewachsenen Gärten und entdeckt das Boutique-Hotel mittendrin. Ein Privathaus zwischen anderen, so scheint es. Das Tor ist verschlossen, und man muss klingeln, um eingelassen zu werden. Nur zu! Man freut sich über Urlauber, die für ein Glas Wein oder einen Teller Pasta vorbeikommen, um die grandiose Terrasse zu genießen. Jetzt ist es windstill, kein Lüftchen regt sich. Es scheint, die Hotelgäste sind ausgeflogen, auch die Poolliegen sind leer. Doch der weiß gedeckte Tisch im Mauerrund erwartet sie – sie und den zufälligen Entdecker dieses paradiesischen Hideaways. Die Speisekarte verspricht feinste italienische Genüsse – für Menschen, die nicht nach den Preisen schauen. Vielleicht begnügt man sich heute mit einem Glas kühlen Rosé und dem märchenhaften Blick über die Küste. Und beschließt, beim nächsten Inselausflug zur Kirche von Es Cubells zu fahren, schräg gegenüber auf der anderen Seite. Danach zum Mittagessen ins Las Brisas; manchmal darf man sich verwöhnen.

TIPP Sa Caleta, schöne Bucht zwischen Cala Jondal und dem Flughafen. Die roten Steilfelsen erinnern an die Algarve.

Las Brisas de Ibiza Boutique Hotel, Plana de Porroig, 25, 07830 Sant Josep, Tel. +34 971 80 21 93
www.lasbrisasibiza.com

Die Magie von Zeit & Raum

19 *Das Kunstwerk Time & Space auf Ibiza*

In ihrer archaischen Form und Einsamkeit erinnern die Steinsäulen an das sagenumwobene Stonehenge. Die monumentalen Stelen stehen auf nacktem Grund hoch über dem Meer. Erhaben und zeitlos, als hätten sie hier schon Jahrtausende überdauert. Ein Steinkreis zum Bündeln und Senden kosmischer Energie – und der passende Ort zur Anbetung der Sonne, die hier im Horizont versinkt und die Steinsäulen zum überirdischen Leuchten bringt. Die Spitze der höchsten funkelt dann wie mit Gold überzogen. Keine Täuschung: Sie ist tatsächlich mit 23-karätigem Gold bedeckt, denn das Säulenrund symbolisiert die Sonne, die von kreisenden Planeten umgeben ist. Was wie eine vorzeitliche Kultstätte anmutet, ist ein Land Art Kunstwerk, das der australische Künstler Andrew Rogers gemeinsam mit seinem kanadischen Auftraggeber Guy Laliberté entwickelte. 420 Tonnen Basalt wurden in Kappadokien gebrochen, 4.400 Kilometer über das Meer verschifft und im Januar 2014 hier aufgestellt. Guy Laliberté ist selbst Künstler und kein Unbekannter: Er gründete den weltberühmten Cirque du Soleil. 1979 kam er das erste Mal nach Ibiza. „Time & Space – The Speed of Light" heißt der gewaltige Steinkreis, zu dem ihn ein Weltraumflug inspirierte, eine Grenzerfahrung, die auch sein soziales Projekt One Drop beförderte – sauberes Trinkwasser für alle Menschen. Ein Anliegen, das ebenfalls mit der wasserknappen Mittelmeerinsel in Beziehung steht. Lalibertés Privathaus liegt neben dem Steinkreis, verborgen hinter einer weißen Steinmauer. Die Kunst ist für jeden zugänglich; eine großzügige Haltung. Zum Glück ist die Zufahrt mühsam und Hinweise fehlen, sodass man nur wenigen Eingeweihten begegnet. Kleine Steinkreise und -türme deuten auf frühere Besucher, die hier meditiert und Energie getankt haben. 150 Meter nördlich öffnet sich ein weiteres Kunstobjekt zum Meer: die Türen ins Nichts. Wer durch die riesigen geöffneten Holzflügel blickt, kann in dem dahinter aufragenden Türrahmen die Insel Es Vedra liegen sehen. Wahrhaft mystisch!

TIPP WooMooN Open Air Party an der Cova Santa, Musik, Performance & Spiritualität, 100 % Ibiza, PM-803, km 7.

Das Kunstwerk Time & Space, 07829 Sant Josep de sa Talaia (am Küstenabschnitt zwischen Cala Codolar und Cala Tarida, auf den Klippen oberhalb der Cala Llentja)

Die Spitze von Atlantis

20 *Blick auf Es Vedra vom Mirador des Savinar*

Es ist eines der Bilder, die zum Symbol für Ibiza geworden sind und nicht selten die Titel der Reiseführer zieren: Es Vedra, ein 382 Meter hoher Monolith, ihm zur Seite der flachere, aber immer noch 112 Meter hohe Felsrücken Es Vedranell. Fantastische Geschichten ranken sich um die Felsformation vor der Südwestspitze der Insel. Ist es die Spitze des sagenhaften Atlantis oder der Felsen, an dem Odysseus' Schiffe im Sturm zerschellten? Im wechselnden Licht der Tages- und Jahreszeiten fasziniert Es Vedra immer aufs Neue: plastisch vor strahlend blauem Himmel, schemenhaft im Dunst, konturlos schwarz im gleißenden Meer, mystisch im Sonnenuntergang. Ein Instagram-Star. Grandiose Sicht auf die geheimnisumwitterte Felseninsel bietet der Mirador des Savinar, überragt vom gleichnamigen Wehrturm, der bei ambitionierten Fotografen natürlich auch aufs Foto muss. Das aber erfordert erhebliche Anstrengungen, denn der Sandweg, der vom Parkplatz zum Aussichtsplateau führt, endet an diesem. Der Torre des Savinar muss erklettert werden, ohne Hinweis und Trampelpfad, auf hartem Geröllboden, zwischen Wacholderbüschen und grauen Felsen. Man muss trittsicher und schwindelfrei sein, um den immer höheren und grandioseren Blick auf Es Vedra genießen zu können. Für Entdecker mit Kondition gibt es auf der Rückseite des Berges noch ein weiteres Ziel, am Fuß eines Steilhangs ganz unten am Wasser: Sa Pedrera, der Steinbruch, aus dem die Quader von Ibizas Stadtmauer stammen. Die Hippies machten ihn zur Kultstätte und gruben spirituelle Zeichen in den weichen Sandstein. Den Einstieg zum Abstieg markiert ein riesiger Steinkreis – ein Ort, der Kraft bündelt. Die Energie wird man brauchen können!
Wer den Blick auf Es Vedra mit einem Bad im Meer und einem gepflegten (Abend-)Essen zum Sonnenuntergang verbinden möchte, wird (nach der Kraxelei?) die malerische Cala d'Hort ansteuern und bei Carmen am Strand oder Es Boldoado auf der Klippe einkehren. Eine glückliche Idee für die Nebensaison!

TIPP

Beim Abstieg zum Atlantis der Hippies passiert man Ibizas populärste Kletterwand, die Pared de Buda.

Mirador des Savinar, Abzweigung von der Landstraße zwischen Es Cubells und Cala d'Hort, PMV-803-1; Restaurant Carmen in der Cala d'Hort, 07830 Sant Josep de sa Talaia, Tel. +34 971 18 74 49, www.elcarmencaladhort.com

Schöner als Neuschnee

21 *Mandelblüte im Tal der Kronen*

Die stillste Zeit des Jahres sind Januar und Februar, wenn viele Inselbewohner ihren Jahresurlaub nehmen, zu Verwandten auf Mallorca oder den Kanaren fliegen oder Haus und Geschäft auf Vordermann bringen. Jetzt trifft man in den Bars und Restaurants, die noch geöffnet sind, die Einheimischen, die sonst hinter dem Tresen stehen, und genießt mit ihnen zusammen die paradiesische Intimität der „Nicht-Saison". Und wenn im Januar die Mandelbäume zu blühen beginnen (der genaue Zeitpunkt variiert mit den Temperaturen), dann gibt es nichts Schöneres, als langsam über die Insel zu fahren oder zwischen den Feldern und Wiesen spazieren zu gehen. Mandelbäume gibt es auf Ibiza überall; doch nirgendwo in solcher Fülle wie in der Ebene von Santa Agnes de Corona. In mondhellen Nächten leuchten die weißen Kronen und die mit Blütenblättern bedeckten Äcker, als habe es gerade frisch geschneit. Ein Anblick, der die Fantasie beflügelt. Es wird erzählt, ein maurischer König habe die unzähligen Mandelbäume in die Ebene pflanzen lassen, um das Heimweh seiner Frau zu lindern, die aus dem kalten und häufig verschneiten indischen Norden stammte. Eine patriotische Variante des Märchens verortet die Herkunft der Prinzessin in der spanischen Sierra Nevada. Sicher ist, man braucht keine Taschenlampe, um die märchenhafte Stimmung auf einer nächtlichen Wanderung zu erleben. Wer Begleitung und einen ortskundigen Führer sucht, wirft einen Blick in die deutschsprachige Inselzeitschrift „Ibiza Heute"; die Mandelblüten-Vollmond-Wanderung ist schon ein Klassiker.

TIPP

Paella im Innenhof des Restaurants Sa Palmera gegenüber der Kirche von Santa Agnes.

Bevor der Tourismus die Landwirtschaft überholte, sicherten die Mandeln den Bauern ein gutes Einkommen. Weltberühmt: Turrón, der „spanische Nougat", aus Mandeln, Honig, Zucker und Eiweiß. Für Ibizenker ist die „Salsa de Nadal" (übersetzt: Weihnachts-Sauce) die Krönung aller Mandelspeisen: eine sämige Suppe aus geriebenen Mandeln, Honig, Zucker, Ei, Hühnerbrühe, Zimt und Safran. Bon profit!

Pla de Corona (Tal der Kronen), 07828 Santa Agnès de Corona

Wo der Himmel brennt

22 *Sonnenuntergang in der Cala Conta*

Die Cala Conta ist einer der spektakulärsten Plätze für die letzten Stunden des Tages. Hier ist der Sonnenuntergang ein wahres Schauspiel. Und jeden Tag ein anderes. Die Natur spielt die Hauptrolle; das Licht bestimmt die Inszenierung. Es verändert sich ständig. Mal leuchten Meer und Himmel in dunklem Blau, mal brechen die Strahlen durch Schleier und Wolken. Nur die Bühne verändert sich nie. Unendlich dehnt sich der Horizont, gesprenkelt von winzigen Inseln, die aus der Entfernung wie runde Steine wirken. Wenn die Wellen an das vorgelagerte Felsplateau schlagen, steigt die Brandung meterhoch in den Himmel, ein zischender Geysir aus Meerwasser. Dahinter stille Segler, die auf dem Weg zum Hafen von Sant Antoni vorüberziehen. Magische Bilder.

Auf den gemauerten Bänken des „Sunset Ashram" sitzt man erhöht im ersten Rang und hat alles im Blick, auch das Strandleben, das mit der sinkenden Sonne ruhiger wird. Am besten man kommt erst, wenn sich Strand und Parkplatz schon merklich leeren. Um sich den besten Blick zu sichern, reserviert man den Tisch zum Abendessen. Die Küche ist mediterran mit indischem Einschlag. Es gibt Sandwiches und Salate, Hamburger, Lachs und Entrecôte, aber auch Hühner-Curry und Lamm- oder Gemüse-Thali. Das Naturschauspiel ist eingepreist. Die Musik zum Sonnenuntergang ist mit den Jahren lauter geworden – und das Publikum breiter, zumindest in der Hochsaison. Sinnsucher treffen Pauschaltouristen. Kollektives Abfeiern statt spirituellem Abheben. Oder beides zugleich? Im Sanskrit ist der „Ashram" ja ein Ort der Meditation. Wer vor den starken Bässen flüchten oder die Urlaubskasse schonen will, kann sich mit seinem Drink am Fuß der Klippen niederlassen, auf denen das Strandrestaurant thront, auf drei Seiten vom Wasser umspült. Oder zur nahen Felsbucht Es Racó d'en Xic hinabsteigen (am Parkplatz links), die sinnigerweise auch Cala Escondida (Versteckte Bucht) genannt wird. Hier sitzt man auf Strohschemeln hart am Wasser. Der Ausblick ist überall fantastisch.

TIPP Flamenco Session im Chiringuito Cala Escondida (Teil der Cala Conta).

Cala Conta, 07829 Sant Josep de sa Talaia

Sunset Ashram, Carr. de Cala Conta, s/n, 07829 Sant Josep de sa Talaia, Tel. +34 661 34 72 22
www.sunsetashram.com

Simply the best

23 *Das Cabaret-Restaurant Lio im Hafen von Ibiza*

Am 31.12.2019 feierte das Lio seine erste Silvesterparty. Normalerweise öffnet das frech-frivole Club-Variété mit Dinner-Show nur im Sommerhalbjahr. Aber Wandel gehört zum Inselleben dazu, eine Gewinn-und-Verlust-Rechnung. Lieb gewordene Adressen verschwinden, neue Hotspots entstehen. Als das Lio eröffnete, war die Euphorie groß. „Die beste Show am Mittelmeer", schwärmten die Presse und „Ricardo Urgell did it again!". Der Pacha-Gründer konzipierte das Lio als Alternative zur weltberühmten Diskothek. Ein neues, schillerndes Angebot für eine internationale und weit gereiste Klientel nach dem Motto „simply the best": Top-Location im Hafen, rasantes Programm, kreative Küche. Hier tanzen und singen nur die Besten. Klar, es fällt nicht schwer, Künstler und Talente nach Ibiza zu locken. (Auch im Pacha zeigen Animateure allabendlich fesselnde Tanzeinlagen.) Außergewöhnlich ist schon die Bühne: ein Laufsteg über einem langen, gläsernen Pool. An den Enden erhöhte Ebenen wie Bug und Heck eines riesigen Schiffes. Das Programm: eine raffinierte Mischung aus Burlesque und Cabaret, Akrobatik und Comedy. Choreografie und Kostüme haben den Esprit von Ibiza. Extravagant, cool, sexy, erotisch. An der Hafenkante hat man den besten Blick auf die Altstadt (unfassbar, mehr geht nicht), im „Piscina" und Loungebereich die beste Stimmung. Nicht selten wird an einem langen Tisch ein Junggesell(inn)en-Abschied gefeiert. Charmante Anzüglichkeiten der Bühnenkünstler sorgen für Stimmung. Doch das Lio ist kein Mitmach-Theater; viele Nummern haben eine provokante Note. Wie der ekstatische Tanz der voll verschleierten Frau, die sich hinterher als Mann entpuppt, oder der klassische Flamenco mit zwei Gitarristen und einer Tänzerin im knappen, schwarzen Mieder. Perfekt, um die Körperspannung hautnah zu bewundern! Finale um Mitternacht, danach wird bis in den Morgen getanzt. Die unvergessliche Nacht hat natürlich ihren Preis, wie jedes einzigartige Vergnügen. 30 Bühnenkünstler kosten eben.

TIPP

Roto, Restaurant-Bar mit grandioser Terrasse genau gegenüber des Hafen-Leuchtturms, Paseo Juan Carlos I.

ILio Ibiza, Restaurant Club Cabaret, Paseo Juan Carlos I, Puerto Deportivo Marina, 07800 Ibiza, Tel. +34 971 31 00 22, www.lioibiza.com

PUNTO DE
REUNION
Lío

Idylle für Individualisten

24 *Das Landhotel Es Cucons nahe Santa Agnès*

Auf einer Insel liegt es nahe, ans Meer zu wollen. Und doch liegen einige der schönsten Orte im Inselinneren, versteckt zwischen Bäumen, Äckern und Wiesen. Das Es Cucons ist eines dieser Landhotels, die nur dem Schöngeist und Ästheten, dem wachen Augenmenschen zugedacht scheinen – alles andere wäre Verschwendung. Hier trifft die unbändige Natur auf das planvolle Geschick des Menschen. Jeder Raum hat seine persönliche Note, jedes Detail strahlt Wärme und Privatheit aus. Kein Dutzenddesign und Minimalismus, keine blumige Übertreibung; alles hat Maß und Mitte, Charme und Schönheit. Schon die Bilder auf der Webseite bringen einen ins Schwärmen – und sind kein bisschen übertrieben. Maria und Barbara Rodriguez haben das außergewöhnliche Refugium geschaffen, zusammen mit ihren Ehemännern Pasi und Jaime. Das Herzstück dieses bezaubernden Landhotels ist eine Finca von 1625. Das ibizenkische Erbe war den katalanischen Schwestern Verpflichtung und Ansporn; man spürt die Seele des Hauses in allen Winkeln. In den romantischen Zimmern, auf atmosphärischen Terrassen, unter Pergolen und Pinien. Sieben Doppelzimmer und sieben Suiten sind im weitläufigen Garten versteckt, kaum zu glauben. Man sieht und spürt sie nicht, sondern fühlt sich in einem Privathaus zu Gast. Seit Neuestem kann man die Verwöhn-Angebote des Hauses auch nutzen, ohne sich für die Nacht einzuquartieren. „Tagespass“ nennt sich die Charme-Offensive für Nachbarn und Residenten, die bereits ein Dach über dem Kopf haben, aber den Tag am anmutig geschwungenen Pool des Es Cucons verträumen möchten, „Menú del Chef“ inklusive. Sonntags mit Barbecue und Livemusik. Auch Massage, Spa und Yoga können Tagesgäste genießen. Allein, der Blick über die Mandelbäume und die weite Ebene ist so entspannend, dass man nichts anderes braucht, um dahinzuschmelzen. Wer es schafft, diesen herrlichen Ort zu verlassen, wird mit idyllischen Rad- und Wanderwegen und – nur 1,6 Kilometer entfernt – den spektakulärsten Sonnenuntergängen belohnt.

TIPP Schöne Dinge zum Mitnehmen gibt es im Es Cucons Shop in Santa Gertrudis, Plaza de la Iglesia, Nr. 7.

Landhotel Es Cucons, Camí des Pla de Corona, s/n 07828 Santa Agnès de Corona, Tel. +34 971 80 55 01, www.escucons.com

Kostümfest mit Espardenyes

25 *Das Mittelalterfest in Dalt Vila*

Bis in die 90er-Jahre begegnete man an der Landstraße und auf den Feldern den typisch ibizenkischen Bäuerinnen in ihren langen, schwarzen Kleidern, mit Kopftuch oder Strohhut, wie man sie von alten Holzschnitten und Aquarellen kennt. Wer Glück hatte, konnte einen Blick auf einen großrädrigen, hoch beladenen Holzkarren erhaschen. Inzwischen gehören diese nostalgischen Bilder der Vergangenheit an – es sei denn, man besucht die Inselhauptstadt am zweiten Wochenende im Mai. An vier Frühlingstagen erwacht die mittelalterliche Festungsstadt zum Leben. Ein sinnenfrohes Kostüm- und Theaterfest, das die bewegte Stadtgeschichte als Volksfest inszeniert: die wechselnden Landesherren und kulturellen Einflüsse, die jahrhundertealten Traditionen, Kunstfertigkeiten und Produkte, das bunte, dichte, mittelalterliche Straßenleben. Da werden Hufeisen geschmiedet und Lederhäute gegerbt, wird Silber getrieben, Flachs gesponnen und Bast geflochten. Da flanieren Bürger und Edelleute in historischen Kostümen, lächelt das Burgfräulein fürs Foto in Samt und Seide. Dazwischen römische Soldaten in Tunika und Harnisch, orientalische Händler mit Gewürzen aus 1001 Nacht, schnatternde Gänse, Tänzer und Flötenspieler, Gaukler, Akrobaten und Schlangenbeschwörer, umringt von staunendem Publikum. Eselchen traben über das Kopfsteinpflaster, auf dem Rücken freudestrahlende Kinder statt Heuballen. Die Kleinsten jauchzen auf dem Kettenkarussell, das – wie vor Hunderten von Jahren – mit Muskelkraft bewegt wird. Man lässt sich zwischen den Marktständen treiben und fühlt sich wie ein Komparse in einem Hollywoodfilm, bewundert die Raubvögel des Falkners und die flinken Hände der Bäuerinnen, die mit konzentrierter Emsigkeit Espardenyes flechten. Die traditionellen ibizenkischen Hanfschuhe sind angesagte Modeartikel und beliebte Mitbringsel, wie die Korbtaschen aus Palmfaser, das Salz der Salinen und der berühmte Kräuterlikör Hierbas Ibicencas, den der Gast in Landgasthöfen nach dem Essen als „chupito" bekommt.

TIPP Restaurante Can den Parra, Carrer de Sant Carles, 6, Dalt Vila. Romantik unter Weinreben.

Der Mittelaltermarkt findet in ganz Dalt Vila statt, der ummauerten Oberstadt der Inselhauptstadt

An den Toren des Himmels

26 *Der Aussichtspunkt Las Puertas del Cielo*

Santa Agnès gehört zu den verträumtesten Flecken Ibizas. Eine Kirche und zwei Gasthäuser an einem kleinen Platz, aus dem gefühlt der ganze Ort besteht. Es heißt, die Tortilla der Bar Cosmi sei die beste der Insel; sicher ist, dass die erhöhte Veranda mit ihrem kolonialen Charme und dem Blick über die kerzengerade Landstraße zum Bleiben einlädt. Zumindest vorübergehend, denn nur zwei Kilometer entfernt wartet ein noch entlegenerer Ort, einer der schönsten Aussichtspunkte (spanisch: mirador) der Insel, hoch oben auf der nordwestlichen Steilküste: die „Türen des Himmels"; der poetische Name klingt wie ein Versprechen. Eine schmale, gewundene Landstraße führt hinauf und endet auf einem bewaldeten Felsplateau. Autos parken unter den Pinien. Man geht ein paar Schritte und erreicht die natürliche Geländeterrasse aus gestampfter Erde, besetzt mit den einfachen Holztischen und -stühlen eines typisch ibizenkischen Landgasthofs. Dahinter öffnet sich die Lichtung zum Meer – eine gleißende Wasserfläche, die am Horizont mit dem Himmel verschwimmt. Man tritt vor und erblickt den gewaltigen Abgrund. Felswände, überwuchert von Pinien. Ein Wasserfall aus Baumkronen, der über den Steilhang in die Tiefe stürzt. Der Anblick macht atemlos. Man lässt sich auf den Felsen nieder und versinkt in der Schönheit. Von Mitte Juni bis Ende August taucht die Sonne genau an diesem Horizont ins Meer, dann sitzen die Eingeweihten auf den Steinen, umgeben vom goldenen Licht in den Baumkronen.

TIPP Am Mirador startet ein drei Kilometer langer Rundweg entlang der grandiosen Steilküste und zurück durch den Wald.

Wer sich vorher stärken will, kehrt im Restaurant „Puertas del Cielo" ein, ein Familienbetrieb, der ganzjährig arbeitet, schließlich sind die Gäste vor allem Spanier. Mutter steht am Herd und bereitet ibizenkische Hausmannskost zu. Im Winter wandern die Tische in den kleinen Flachbau mit der großen Fensterfront und dem bullernden Ofen. Ganz unten, am Rand der Küste, zieht eine Jacht an winzigen Inseln vorbei, den Magdalenas. Kleine Boote tauchen unter dem Felsbogen durch, den die größte Insel bildet. Ein magischer Anblick.

Mirador Las Puertas del Cielo, 07828 San Antonio Abad

Restaurante Puertas del Cielo, Cami Des Pla de Corona, km. 2, 07828 Santa Agnès de Corona, Tel. +34 680 96 47 96

Am Kirchplatz die Straße links von Can Cosmi nehmen und ihr bis zur Küste folgen

Kamasutra im Bambuswald

27 *Das Bambuddha Grove in Ibizas Mitte*

Man durchschreitet das Eingangsportal und betritt eine andere Welt. Der Engländer John Moon brachte den riesigen Holztempel per Schiff aus Südostasien und errichtete im Zentrum der Insel eine kultige Oase voller Musik & Mystik. Im Lauf der Jahrzehnte hat sich das Interieur mehrfach gewandelt, wie ein Schmetterling, der eine immer neue Metamorphose erlebt. Nur der zentrale Hauptraum blieb unverändert. Und die wichtigsten Insignien der Spiritualität: Buddhafiguren und biegsamer Bambus. Ein ganzer Wald verbirgt die Holzbauten und Höfe; an der Landstraße weist nur ein kleines Schild auf die asiatische Oase hin. Die Küche serviert Fusion Food vom Feinsten. „Teilen und probieren" ließe sich das neue kulinarische Konzept überschreiben, denn das klassische Menü mit Vorspeise und Hauptgericht hat im Bambuddha Grove ausgedient. Die Gerichte werden nicht mehr tischweise serviert, sondern sukzessive, so wie sie in der Küche fertig werden. Die Idee: alle teilen alles, und jeder probiert von jedem. Papayasalat, Ceviche, Rindfleischsalat, Kowloon King Crab – jeder Teller ist eine Offenbarung. Exotisch, fruchtig, scharf, innovativ und unwiderstehlich. Leider teuer.

Die hohe Popularität hat das Publikum mit den Jahren etwas aufgemischt: Um 20 Uhr kommen eher Pauschaltouristen, ab 23 Uhr Einheimische und Nachtschwärmer. In der Hochsaison kann es Mitternacht werden, bis der bestellte Tisch frei wird. So lange genießt man seinen Drink im Barbereich. Auf keinen Fall versäumen: die Toiletten (2 in 1!) und die Kamasutrawände auf dem Weg dorthin. Am Shop kommt ohnehin jeder vorbei: denn er befindet sich direkt davor. Aber das kann sich im nächsten Jahr schon wieder ändern, genau wie Speisekarte, Öffnungszeiten und Partyprogramm. Jahrelang wurde im Bambuddha Grove Halloween gefeiert. 2016 fiel die Party unversehens aus, dafür gab es 2020 eine unerwartete Silvesterfeier. Und in Zukunft? Ungewiss. Man darf sich überraschen lassen. In Ibiza lebt man für den Moment und plant nicht weit im Voraus.

TIPP POM Thai Restaurant in Sant Antoní, Avenida Sant Agustí 73; schöne Gartenterrasse.

Bambuddha Grove, Carretera de, Carrer de Sant Joan, km 8.5, 07814 Santa Eulària des Riu, Tel. +34 971 19 75 10, www.bambuddha.com

Catwalk für Mutige

28 *Die Steinbrücke in der Cala d'Albarca*

Die Cala d'Albarca ist ein Naturschauspiel. Robinson Crusoe würde sich hier zu Hause fühlen, denn nur selten gelangen Spaziergänger bis in die Felsbucht. Sie ist in gängigen Wanderkarten nicht verzeichnet; es gibt ja leichter zugängliche Traumpfade. Kein Sand- oder Kieselstrand säumt den Rand der imposanten Steilhänge, nur ein paar Bootsgaragen, die einem irgendwie verlassen vorkommen. Vielleicht, weil man sich fragt, wie der Fischer mit seiner Ausrüstung den Abstieg bewältigen oder einen späteren Fang hinaufbefördern soll. Im Hochsommer ziehen Boote vorbei auf der Suche nach geschützteren Ankerbuchten. Die Straße, die in engen Serpentinen zum Meer hinabführt, ist von Wind und Wetter so ausgewaschen und zerklüftet, dass selbst ein Mountainbike es schwer hätte. Mag sein, dass die letzten Stürme ihr den Rest gegeben haben, die sintflutartigen Regenfälle, die lockeren Boden wie Staub hinwegspülen, bis nur die festgebackene, wie versteinert wirkende Erdkruste übrig bleibt, aufgewühlt wie die Meeresoberfläche bei Sturmflut. Doch während sich die See nach jedem Unwetter behutsam glättet, bleiben viele Wege zerrissen zurück. So wird der Abstieg zur Herausforderung für die Kniegelenke, allein, die wilde Schönheit lockt. An Winter-Wochenenden begegnet man Spaniern mit Rucksack und Picknicktasche – sie kennen die besten geheimen Plätze. Immer wieder öffnen sich neue Ausblicke, und man muss stehen bleiben, um die grandiose Landschaft in sich aufzunehmen. Noch ein paar Kurven oder Abkürzungen, dann weitet sich der Wald, und man erblickt die „Puente de Piedra", den Felsbogen, der sich wie eine natürliche Brücke über dem Abgrund wölbt, hoch über dem Meer, als könne man von dort ins Wasser springen. Natürlich macht das keiner; schon das „Posing" fürs Foto wird auf dem schmalen Felsband zur Mutprobe. Nicht jeder traut sich, denn der Stein zeigt feine Risse. Lieber nur zuschauen, die fantastische Aussicht genießen, das mitgebrachte Picknick und das Glück des Augenblicks.

TIPP Can Sulayetas, Landrestaurant mit Charme, vénda de Rubió, 127, Port de Sant Miquel.

Ein guter Startpunkt für Wanderungen zur Cala d'Albarca ist der winzige Ort Sant Mateu d'Albarc

Kunst & Keulen

29 *Die Bar Costa in Santa Gertrudis*

Diese Bar ist eine Institution. Hier gibt es Kunst und Schinken satt. Über der Theke hängen die Keulen, die eine nach der anderen aufgeschnitten werden. Serrano-Schinken, Ibérico, Lomo de Cerdo, Queso Manchego – die „kalte Platte“ kann variieren, aber warme Küche gibt es nicht. Zum Schinken isst man geröstetes Weißbrot mit Tomatenfruchtfleisch, das spanische „Pan con tomate“ und trinkt am besten Vino tinto. Von außen wirkt die Bar Costa fast unscheinbar, ein kleines, weißes Haus wie alle anderen. Vielleicht mit dem Unterschied, dass man auf der Terrasse tiefer und unbequemer sitzt als in allen anderen Bars am Platz. Auf niedrigen Holzhockern ohne Lehne. Aber auch das gehört zum Erlebnis dazu. Eine Reminiszenz an die Anfänge, als es in Santa Gertrudis nur drei Gebäude gab: Kirche, Tabakladen und die Bar Costa – jetzt der Eingangsbereich an der Hauptstraße (inzwischen gibt es am Platz einen zweiten Ausgang). Sechs Jahrzehnte ist die Bar nach hinten gewachsen und innen viel größer als erwartet. Über Treppen gelangt man in immer neue Räume, alle bis unter die Decke mit riesigen Gemälden geschmückt. Es sind Werke von Künstlern, die in der Bar aßen und tranken und ihre Zeche mit Kunst bezahlten: Antonio Villanueva, Antoni Pomar, Vicent Calbet und andere. Ausdrucksstarke, kraftvolle Ölbilder des chilenischen Malers Andres Monreal, der zwischen Paris und seiner Finca in San Mateo pendelte, imposante Plastiken von William Fulljames, der unweit von Santa Gertrudis lebt und arbeitet. Man muss diese Kunst nicht mögen, doch sie wird keinen kaltlassen. Der Rundgang ist ein Muss! Im Hauptraum beeindruckt auch die gigantische Esse, in der im Winter das Feuer brennt. Besonders am Wochenende, wenn die Spanier ausgehen, brodelt die Stimmung. Dann muss man warten, bis ein Tisch frei wird. Achtung: In Spanien ist es nicht üblich, sich zu Fremden an den Tisch zu setzen, sei er noch so groß. Man erntet irritierte Blicke.

TIPP **Café Macao, Szene-Italiener mit Pizzaofen und romantischem Garten, Carrer de la Vénda des Poble, 8.**

Bar Costa, Plaça de l'Església, s/n, 07814 Santa Gertrudis de Fruitera, Tel. +34 971 19 70 21

PROHIBIT
FUMAR

30 *Das La Paloma in Sant Llorenç*

Kein anderes Landrestaurant hat so viel Flair! „A place to eat, talk and feel the love“ verspricht die Webseite, und ja: Liebe und Hingabe spürt man an diesem malerischen Ort in jedem Detail, nicht zuletzt im köstlichen, gesunden Essen, dessen Zutaten aus dem eigenen Garten stammen. Unvergleichlich romantisch sitzt man direkt am Feld, auf der großen Terrasse oder im Gartenkies zwischen Zitronen- und Orangenbäumen – abends mit kleinen Lichtern stimmungsvoll beleuchtet – und blickt über fruchtbare Felder weit in die Landschaft. Hier ist alles von geschmackvoller Einfachheit, die in kleinen Dingen große Klasse zeigt. Möbel, Teller, Stoffservietten, Dekoration, alles stimmt. Zauberhaft sind auch die Innenräume mit ihren verspielten Wandmalereien und den bunten Kissen auf den gemauerten Sitzbänken. Die hellblauen Holztische haben ländlichen Charme, die Fotos an den Wänden hohe Qualität. Wie eine Hommage an die Blumenkinderzeit wirkt das romantische Familienporträt mit der Gründerin Daniela Prasuna Coppini in der Mitte, fotografiert von Jimmy Nelson, selbst ein Insel-Insider. Danielas Tochter Mouji, ihr israelischer Mann Amit und Küchenchef Nir Cohen füllen das La Paloma mit Energie und Leben – eine Oase für alle Sinne. Das Publikum ist gepflegt alternativ: Fincabesitzer, Künstler, Intellektuelle. Viele Stammgäste und Familien. Ohne Reservierung geht gar nichts. Im Sommer lädt eine kleine Boutique zum Stöbern ein. Handgefertigte Blumenkleider, Taschen & Co., Ibiza-Style zu unerwarteten Preisen. Understatement auf höchstem Niveau. Aber man kommt ja zum Essen und nicht zum Einkaufen. Auf der Karte findet man keine Standardgerichte; statt Carpaccio und Caprese wählt man im Holzofen geröstete Aubergine mit Tahini-Sauce oder Sashimi von Sardinen. Mittags serviert das Paloma Café mediterrane und israelische Kleinigkeiten wie knusprige Focaccia, Humus, Falafel, Bio-Burger und köstliche Salate. Lukullisches Landleben!

TIPP Galeria Elefante, Carretera de Sant Miquel, km 3.2, Santa Gertrudis; seit Jahrzehnten eine Fundgrube.

La Paloma, Café-Restaurant am Mittag, Restaurant & Boutique am Abend, Calle Can Pou, 4, 07812 Sant Llorenç de Balafia, Tel. +34 971 32 55 4, www.palomaibiza.com

Überraschung

31 *Der Concept Store SLUIZ. auf Ibiza*

Wenn man auf der Landstraße von Ibiza kommend nach Santa Gertrudis fährt und kurz vor dem Ort auf der rechten Straßenseite ein paar leuchtend bunte Kühe in den Ästen der Bäume klettern sieht, ist man richtig! Das große „Lagerhaus" hinter der Wiese ist Ibizas größtes Shopping-Paradies – von der Altstadt einmal abgesehen. In dem gigantischen Concept Store SLUIZ. findet man alles, was cool, schräg und anders ist. Von der Austern-Kerze bis zur Gorilla-Lampe. Ein Mekka für Design-Fans und alle, die ausgefallene, unkonventionelle Dinge lieben. Ein Ort zum Stöbern, Staunen und Sich-inspirieren-Lassen. Auf 6.000 Quadratmetern gibt es die komplette Ausstattung für den Hausstand: Vintage-Ledersessel, Lampen, Geschirr, Kissen, Kleidung, Schuhe und viele verrückte Dinge, die man eigentlich nicht braucht, aber gerne mitnimmt. Damit man beim Shopping-Marathon nicht schlapp macht, gibt es ein Restaurant und eine Bar, an der man sich stärken oder den ermatteten Partner abgeben kann. Alles durchdacht. An Schlechtwettertagen ist im SLUIZ. ziemlich viel los, aber meistens kann man ganz entspannt seine Runden drehen. Wahrscheinlich gehen alle Bargründer und Inneneinrichter der Insel hier vorbei, bevor sie die Findungsphase abschließen; man entdeckt vielerorts SLUIZ.-Objekte.

TIPP Weihnachtseinkäufe im Herbst. Das SLUIZ. hat ganzjährig geöffnet!

Die Keimzelle des SLUIZ. war ein kleines Landhaus an der Landstraße von Ibiza-Stadt nach Sant Josep, das inzwischen geschlossen ist. Dafür gibt es jetzt einen „Teaser-Shop" in Ibiza-Stadt (für alle, die kein Auto haben) und eine große Dependance auf Mallorca. Ein Entertainment-Team sorgt für Aufmerksamkeit, mit ungewöhnlichen Auftritten im Store und auf den Straßen von Ibiza-Stadt. Das erinnert an die Animateure der großen Diskotheken, die in den Sommernächten durch die Straßen der Hauptstadt ziehen, um Party-People zu werben. Nur extravaganter und eigen, wie alles, was von SLUIZ. kommt. Fragt sich nur, wie man den Vintage-Sessel ins deutsche Domizil bekommt. Auch kein Problem: Ein Lieferservice macht's möglich.

Concept Store SLUIZ., Carretera Santa Gertrudis km 4, 09714 Santa Gertrudis de Fruitera
www.sluiz.com

Kunst im Grünen

32 *Christopher Stones Galerie-Atelier auf Ibiza*

Christopher Stones Lieblingsplatz auf Ibiza ist sein eigenes Atelier. Ein Glücksfall für ihn und jeden, der auf dem Weg nach Sant Joan de Labritja die Finca erblickt. Das alte Bauernhaus liegt weitab von der Landstraße inmitten von Wiesen und Äckern. „Lost Artist“ steht in riesigen Buchstaben auf der Ummauerung, sodass man es auch aus der Ferne entziffern kann. Eine gigantische rostbraune Stahl-Krabbe kauert unter der ausladenden Krone eines Baumes, umringt von kleineren Skulpturen, die aus der Ferne kaum zu deuten sind, aber den „spiritus loci“ signalisieren: ein Künstlerhaus. 1992 betrat Christopher Stone Ibiza zum ersten Mal, angelockt vom Mythos der Insel: Freiheit, Exzesse, ausschweifendes (Nacht-)Leben, aber vor allem: Schönheit, Magie und ein einzigartiges Licht. Schon immer hat es die Künstler angezogen und gefesselt. „Insel des Lichts“ taufte Zero-Künstler Heinz Mack das Buch, das er in seiner ibizenkischen Finca verfasste, eine Liebeserklärung in Texten, Fotos und Aquarellen. Christopher Stone war auf der Durchreise in seine englische Heimat, als er in Ibiza landete. Er wollte zwei Wochen bleiben und blieb für immer, überwältigt vom mannigfaltigen Reiz der Insel. „Wir hatten keine Wahl“, sagt der Künstler schlicht. Die einfachsten Dinge wurden zur Droge: Zitronenbäume und sichere Schulwege, Eidechsen auf sonnenwarmen Felsen, der Kaffee am Tresen, der Handschlag mit Freunden, die schimmernde Mondstraße und der sternenübersäte Nachthimmel. Ibiza hat auch seine Kunst geprägt. Die eleganten, dem Windhund ähnlichen Podencos sind eines seiner Lieblingsmotive, eines von zahllosen; die Energie der Insel scheint sich auf den Künstler übertragen zu haben. Der Rundgang durch die Finca erschließt dem Gast eine verblüffende künstlerische Bandbreite: Skulpturen, Objekte, Gemälde, Möbel – alle aus der Hand von Christopher Stone. Der Brite freut sich über spontane Besucher; schnell kommt man ins Plaudern. In Ibiza ist alles leicht.

TIPP

Noch mehr Künstler gibt's in der Zeitschrift „Ruta del Arte", herausgegeben vom Art Club Ibiza.

Das Galerie-Atelier Lost Artist Ibiza von Christopher Stone, Carretera, Calle de San Juan, km 9, Tel. +34 654 92 14 41

Ibizas schönstes Dorf

33 *Der Platz vor der Kirche von Santa Gertrudis*

Er ist ein Herzstück der Insel, ein Treffpunkt der Dorfbewohner und der kleinen kosmopolitischen Gemeinde, die in den letzten Jahren regelrecht boomt. In den zahlreichen Restaurants vor der Postkarten-Kirche kämpft man in lauen Nächten bis weit nach Mitternacht um einen Tisch. Der große Platz ist die „gute Stube" des lebendigen Dorfes, Sammelplatz für Kirchgänger, Spielplatz für Kinder, Flaniermeile für Verliebte, Bühne für Bürgerfeste. Hier findet im Sommer das Open-Air-Kino statt und im Januar der Empfang der Heiligen Drei Könige, die dem Dorf-Nachwuchs Geschenke bringen. Hier tragen Kinder und Erwachsene ihre Karnevalskostüme zur Schau, geistern an Halloween kleine Hexen und Vampire über das Pflaster. Man sitzt – auch im Winter – am Terrassentisch vor der Hausmauer und wird Teil dieser lebhaften, familiären Dorfatmosphäre, in der sich Alter und Herkunft vermischen und auflösen. Seit 2008 gehört der malerische Platz vor der Kirche samt anschließender Hauptstraße ganz den Fußgängern und ist umso mehr zum Wohnzimmer der Einheimischen geworden. Die Autos parken jetzt in den Nebenstraßen, nur wenige Schritte entfernt. 1785 wurde das Örtchen von 136 überwiegend bäuerlichen Familien in der fruchtbaren Inselmitte gegründet. „Santa Gertrudis de Fruitera" ist der volle katalanische Name, von „frutero" gleich Fruchtkorb. Inzwischen leben im dörflichen Umkreis etwa 3.000 Menschen, Saisongäste nicht gerechnet. Doch obwohl Santa Gertrudis schnell und stetig gewachsen ist, hat es seinen ursprünglichen Charakter nicht nachteilig verändert, einer strengen Bauaufsicht sei Dank! Die Architektur der neu erbauten Stadtvillen greift gekonnt den Stil der Insel auf: weiß, kubisch, maximal zweistöckig. Kein Gebäude im Dorf ist höher als die Kirche, damit im Gesellschaftsgefüge alles den richtigen Platz behält. Bodenständig und bürgernah ist auch das „Ulivans" gegenüber der Kirche: hier kostet das dreigängige Mittagsmenu mit Getränk weniger als eine Vorspeise im Szenelokal.

TIPP

Land-Restaurant Aubergine, Bio-Küche zwischen Feldern, Carretera de San Miquel, Tel. +34 971 09 00 55.

Plaza de Santa Gertrudis, 07814 Santa Gertrudis de Fruitera

Cementeri
Plaça Nova de
Passeig de
Santa Gertrudis
Correus
NO

Wunder unter Wasser

34 *Die Bucht S'Illot des Rencli an der Nordküste*

Kein Meeresbewohner, sondern ein Hund galt jahrzehntelang als Symbol der Insel. Dann verschwanden die freilaufenden Podencos aus dem Inselbild, und die flinken, grünen Pityusen-Eidechsen wurden ihr neues tierisches Wahrzeichen. Die einheimischen und tagaktiven Sonnenanbeterinnen lieben ungezähmte Natur und einsame Landstriche – wie viele ruhesuchende Urlauber. Zu diesen abgelegenen, von der Natur gesegneten Plätzen zählt die Cala Xarraca an Ibizas Nordküste. In ihr verborgen, am Fuß der Steilküste: die Cala S'Illot des Rencli. Ein winziger, idyllischer Kieselstrand, vom Partyleben so weit entfernt wie das Berliner Berghain vom Bodensee. Es braucht nicht viele Menschen, um ihn zu füllen, doch auf den flachen Uferfelsen ist viel Platz, um sich wie die Eidechsen auf dem sonnenwarmen Stein zu wärmen. Wer hierher zum Baden kommt, dürfte ohnehin die meiste Zeit im Wasser verbringen. Zu malerisch sind die Klippen und Höhlen der zerklüfteten Küste. Schnorchel und Flossen genügen, um die Unterwasserwelt zu entdecken; das kristallklare Wasser lässt meterweit in die Tiefe blicken: Tintenfische, Barsche, silbern glänzende Meerbrassen, Schwärme von Goldstriemen – und unerwartete Glücksbringer. Einen Seestern ans Licht zu holen, ist ein unvergessliches Erlebnis. Wenn er anfängt sich festzusaugen, lässt man ihn freiwillig wieder ins Wasser sinken.

TIPP Das Andenken der Podencos bewahrt eine Bronzeskulptur auf dem Rondell am Eingang von Ibiza-Stadt.

Die Spanier lieben die Bucht vor allem wegen des traditionellen Restaurants an der Kante der Steilküste. Am Wochenende ist es ohne Reservierung aussichtslos, einen Platz zu bekommen, schon gar nicht unter den Pinien, vielleicht im Innenraum. In Spanien wird spät gegessen; das Mittagessen beginnt gegen 14 Uhr und dauert mindestens zwei Stunden. Gut also, wenn man sich den bevorzugten Traumblick-Tisch rechtzeitig gesichert hat und – begleitet vom geselligen Stimmenkonzert der Einheimischen – die Früchte des Meeres genießen kann: Gambas, Calamari, Lubina, Arroz Marinera und andere Klassiker der maritimen Urlaubsküche.

Cala S'Illot des Rencli, Carretera Vénda de Portinatx, km. 25, 07810 Sant Jan de Labritja; Restaurant auf der Steilküste, Tel. +34 971 32 05 85.

Anfahrt über die Landstraße E-10, die von San Joan nach Portinatx führt

Die Höhle der Schmuggler

35 *Die Steilküste von Port de Sant Miquel*

An der schroffen Nordküste zwischen Port de Sant Miquel und Cala Benirras liegt die Cova de Can Marcà, die einst ein natürlicher Felstunnel mit dem Meer verband. Bis in die 70er-Jahre nutzten ibizenkische Fischer die Felsräume als Lager; hier versteckten sie die Lebensmittel, die sie im Schutz der Nacht auf die Insel brachten. Im Spanischen Bürgerkrieg (1936–1939) und den Jahren danach waren auf den Balearen selbst Grundnahrungsmittel knapp, eine Folge der Blockadepolitik der Alliierten, die das Franco-Regime vom Kriegseintritt abhalten wollten. Reis, Zucker und Mehl wurden zur Schmuggelware. In der Nachkriegszeit florierte der Tabakhandel, denn Rauchwaren waren Staatsmonopol und mit hohen Steuern belegt. Der Meereszugang ist geschlossen, seit die Höhle für Besucher geöffnet wurde. Man betritt sie jetzt über eine Öffnung in der Felswand. Eine steile Treppe führt im Zickzack an der fast senkrechten Steilküste hinab, mit atemberaubenden Ausblicken auf die tief eingeschnittene Bucht von Sant Miquel und die flache vorgelagerte (Halb-)Insel. Sie gehört dem russischen Milliardär Prokorov, der Insel und Haus vermietet. Für 31.000 Euro pro Tag (lt. Internet das teuerste Ferienhaus Europas). Die Zahl macht schwindlig wie der Blick in den schäumenden Abgrund. Die Höhle selbst ist weniger spektakulär als das Anwesen davor und beeindruckt doch mit ihren unerwartet tiefen Hohlräumen zwischen den Gesteinsschichten. Keine Felskathedrale und keine klassische Tropfsteinhöhle, obgleich eine ausgewaschene „Felsorgel" zu bestaunen ist. Es regnet wenig auf Ibiza, und wenn, dann meist kurz und heftig. Das Wasser tropft nicht, sondern sammelt sich in flachen Becken und fließt über Terrassen ab. Etwas Fluor und ultraviolettes Licht lassen sie in geheimnisvollem Grün erstrahlen. Zweites künstliches Highlight ist ein Wasserfall: Auf Knopfdruck rauscht er in einem Felsspalt herab und erstrahlt in den Farben des Regenbogens. Soll keiner sagen, die Höhlen von Can Marcà böten nicht genug fürs Auge!

TIPP Cala de Sa Ferradura, eine winzige Badebucht mit Blick auf die Berge von Portinatx.

Cueva de Can Març̧à, 07815 Port de Sant Miquel; an der Küste zwischen Port de Sant Miquel und Port de Benirras

Das Glück vom Grill

36 *Landgasthöfe auf dem Weg nach Sant Joan*

Der fotogenste Platz an der Landstraße, die von Ibiza-Stadt nach Sant Joan führt, ist die Veranda des Can Musón de Sa Vila mit ihrer prachtvollen Bougainvillea. Seit dem Frühjahr 2017 leuchtet der Restaurantname dem Autofahrer in großer Neonschrift entgegen; bis dahin kannten die meisten das Restaurant nur unter dem Namen des früheren Eigentümers: Juanito. Der kleine Juanito war ein großer Gastgeber, sein gemütlicher Landgasthof ein Lieblingsplatz der alteingesessenen Künstler; hier trafen sie sich auf ein Bier, zur Fußballübertragung im TV hinter der Theke und sonntags zum Bocciaspielen im Hof. Es duftete nach Holzkohle, Tabak und Gras. Das ist Vergangenheit. Vor einigen Jahren starb Juanito unverheiratet und kinderlos, und eine Ära ging zu Ende. Die Türen des Restaurants blieben lange geschlossen. Im Frühjahr 2017 wurde es wiedereröffnet, behutsam modernisiert. Jetzt grillen hier Argentinier. Die Steaks sind fantastisch, die Kräutersoße Chimichurri ein Gedicht! Doch die Neubegegnung erfordert neue Sichtweisen: die Bilder hängen jetzt nicht mehr an der Wand neben dem Kamin, sondern oben an der Decke. Man muss den Kopf in den Nacken legen, um sie zu betrachten. Im Winter konzentriert man sich einfach auf das prachtvolle Kaminfeuer.

Schräg gegenüber, im Cami de Balafia, ist alles beim Alten. Der kleine Grillgasthof ist ein Phänomen. Von der Landstraße sieht man ihn kaum, denn er liegt ein Stück zurück, von Bäumen umringt, doch kaum ein Landhaus brummt so wie dieses. Zugegeben, man sitzt idyllisch unter kleinen Orangenbäumen, und die einfachen Gerichte sind exzellent: hausgemachte Aioli und frisches Landbrot, knusprige Kartoffelscheiben und aromatischer Salat aus sonnengereiften Tomaten und Zwiebeln. Es heißt, die Zutaten seien selbst gezogen und der Grill mit mehreren Holzsorten befeuert, wodurch das Fleisch besonders wohlschmeckend werde: Lamm, Landhühnchen, Kaninchen, Schwein oder Rinderfilet. Man wählt das Grillgut, die Beilagen sind für alle gleich. So einfach kann das Leben sein.

TIPP Nur 100 Meter weiter Richtung Sant Joan: Cana Pepeta, Finca-Restaurant mit Charme, Stil und Wintergarten!

Can Musón de Sa Vila, Carretera Sant Joan de Labrita, km 15,4, 07812, Sant Llorenc de Balafia; Tel. +34 971 32 50 82, www.canmusondesavila.es

Can Balafia, Lugar Venda de Balafia de Dalt, 25, 07812 Sant Joan de Labritja, Tel. +34 971 32 50 19

Poleposition für Marineros

37 *An der Promenade von Santa Eulària*

In Ibiza liegen die Glücksorte oft so nahe beieinander, dass man sie kaum trennen kann. Beispielsweise an der herrlichen Promenade von Santa Eulària vor dem Eingang zum Jachthafen. Von den Tischen des Estél – auf dem Paseo oder im Wintergarten dahinter – hat man einen schönen Blick auf Stadtbucht und Berge. Das moderne Restaurant gehört zum Imperium des inselweit bekannten Can Curreu und glänzt mit elegantem Ambiente und ausgezeichneter Küche. Estél bedeutet Stern. Das Servicepersonal ist geschult, humorvoll und charmant, was in dieser Kombination auf Ibiza keine Selbstverständlichkeit ist. Der helle Innenraum zeigt kühle Klasse mit geschmackvollen Details, wie den zauberhaften Glaslampen auf jedem Tisch, die am Abend für Atmosphäre sorgen. Ein Hauch von Luxus umgibt den Ort. Jedes Gericht ist ein Erlebnis, jeder Glasteller ein Kunstwerk. Doch schon ein paar Meter weiter am Ende der Hafenmole, neben dem runden weißen Turm, der die Schiffstankstelle markiert, gibt es seit Kurzem ein neues Restaurant, welches droht, dem Estél den Rang abzulaufen: das CBbC, ausgeschrieben Cala Bassa Beach Club. Der Inselkenner ist irritiert, weiß er doch, dass sich die Cala Bassa diagonal am anderen Ende der Insel befindet (landschaftlich traumhaft, aber von Sant Antonís Urlaubern meist völlig überlaufen). Nun hat der dortige Beach Club also eine Dependance im Südosten bekommen, ohne Strand und Liegen, aber mit bestechend maritimem Flair. Schmal wie ein Schiffskörper ruht der lichte Gastraum auf der Mole. Auf den Terrassen sitzt man wie an Deck und schaut den ein- und auslaufenden Booten bis in die Kajüte. Jedes Boot, das den Hafen von Santa Eulària ansteuert oder verlässt, muss hier vorbei. Ein spannendes Defilé für Seebären, Landratten und alle, die mit dem Gedanken spielen, sich irgendwann einmal ein Boot zu chartern. Hier lässt sich die Vielfalt der Bootstypen aus einer Poleposition bewundern.

TIPP Landhotel Can Curreu in Sant Carles de Peralta. Agrotourismus für höchste Ansprüche.

Die Promenade von Santa Eulària des Riu

Estél by Can Curreu, Restaurant & Cocktail Bar, Paseo Marítimo Santa Eulària, Carrer Isidoro Macabich 36, Bajos, 07840 Santa Eulària

Cala Bassa Beach Club im Yachthafen von Santa Eulària, neben dem runden weißen Turm an der Schiffstankstelle

Rodman 11.20

Ein Hauch von Woodstock

38 *Cala Benirras, die Bucht der Trommler*

Der Rahmen könnte nicht schöner sein. Malerisch steigen die dunkelgrünen Berge aus dem Wasser empor, ein großer Felsen markiert den Zugang zu diesem natürlichen Hafen wie ein zum Himmel gerichteter Finger. Die Cala Benirras ist eine wilde, tief eingeschnittene Bucht an der felsigen Nordküste, eine der idyllischsten und landschaftlich spektakulärsten der Insel, und wer an einem stillen März- oder Oktobertag zum ersten Mal den Sandstrand betritt, wird glauben, er habe das Paradies entdeckt. Berühmt aber wurde sie nicht durch ihre natürliche Schönheit, sondern durch den Klang der Trommeln. Am Sonntagnachmittag wird hier die Hippie-Ära lebendig: Blumenkleider, Turban und Rastalocken, Gitarren und Bongos, Häkel-Tops und nackte Haut. Viele sehen aus, als hätten sie sich auf Ibizas berühmten Hippie-Märkten eingekleidet. Ein Hauch von Kommune, freier Liebe und Sechzigerjahre-Feeling schwebt über allem. 1987 feierte die Punk-Queen Nina Hagen in der Cala Benirras drei Tage Hochzeit, was einen weltweiten Medienrummel auslöste. Hier treffen Alt-Hippies auf Hipster, Aussteiger auf Mittdreißiger mit Burn-out-Gefühlen, Nostalgiker auf Neugierige. Der Anteil der Zaungäste steigt mit dem Thermometer. Was als privates Get-together am Strand begann, ist zu einer Art Festival geworden, das im Hochsommer Hunderte in den Norden zieht. Inzwischen werden am Sonntagnachmittag von Juni bis Oktober die Zufahrtswege gesperrt, und ein Shuttlebus verkehrt für die Feierfreudigen. Im Winterhalbjahr verschwinden die Sonnenschirme, und die Insider kommen zum Sonntagslunch oder späten Abendessen. Spirituell angehaucht und eher hip als Hippie ist das Restaurant „Elements" am Eingang der Bucht, das mediterrane Fusion Food, Entspannungs-Massagen und einen gut sortierten Shop bietet, Hippie-Markt inklusive. Wer sich gegen 15 Uhr zu Tisch setzt, kann zum Dessert schon die Trommelmusik genießen, ein atmosphärischer Klangteppich im Hintergrund. Klassisch-spanische Variante: Paella und Vino im Roca y Mar.

TIPP Romantiker kommen im Mai, wenn die Sonne hinter dem „Finger Gottes" im Meer versinkt.

Cala Benirras, 07815 Sant Joan de Labritja, Shuttlebus vom Parkplatz Sa Plana hinter Can Coroner am Sonntagnachmittag

Elements, Tel. +34 971 33 31 36, www.elements-ibiza.com

Roca y Mar, Tel. +34 971 33 35 32

Romantik pur

39 *Die Cala Xuclar an der Nordküste*

Die romantischste Bucht der Nordküste liegt ganz versteckt im hinteren Winkel einer großen Bucht. Viele Skipper fahren an der Küste entlang, ohne die Cala Xuclar überhaupt zu bemerken. Ein Glück für die wenigen Menschen, die es entdecken – dieses verträumte Paradies am Fuß der grünen Berge. Wenn sich manchmal im Hochsommer um die Mittagszeit über den Gipfeln die Schönwetterwolken ballen, liegt die kleine Bucht für ein paar Stunden im Schatten. Zeit für die Siesta. Die Zufahrt von der Landstraße ist so holprig und mühsam wie der Weg ins Wasser. Der Strand der Cala Xuclar ist nicht kieselfrei und der Meeresboden steinig und uneben. Dafür liegt das Wasser ruhig und glasklar zwischen den Felsen. Schnorchler gehen in den Höhlen der Küste auf Entdeckungstour. „This is not a Beach Club" steht auf dem T-Shirt von Saras Mann, der den duftenden Fisch an den Tisch bringt. Man kann zusehen, wenn er am Vormittag auf den Felsen der Bucht geschuppt wird. Sara Tur ist Künstlerin, ihr Bruder Carlus steht am Herd. Seit Jahrzehnten betreibt die spanische Familie das bezaubernde Chiringuito, denn die winzige Bucht grenzt an das Terrain ihrer Finca. Zum perfekt gegarten Fisch gibt es Kartoffeln und frische Salate. Statt kleiner Doraden aus der „piscifactoría" (klingt schöner als Fischfabrik) stehen jetzt häufig wilde ibizenkische Fische auf der Tafel. Sie sind größer und teurer, aber – so beteuern die Köche – auch viel besser. Man fragt vorsichtig nach dem Kilopreis und teilt sich einen Fisch zu mehreren. Saftig und köstlich ist er immer, auch wenn die Küche nur ein hölzerner Strandcontainer ist. Doch irgendwie hat hier alles Stil und Klasse: der getrocknete Majoran auf dem Salat, die grünen Holztische, die weißen Segeltuch-Klappstühle, der Bambus, den das Wasser von den nahen Bergen ins Leben gerufen hat. Im Hochsommer kann man die traumhafte, naturverbundene Stimmung auch abends genießen, manchmal sogar mit live gespielter Gitarrenmusik. Die idyllische Seite des trendigen Ibizas.

TIPP Klein, wild, schön und nur 4,5 Kilometer entfernt: Cala d'en Serra. Nicht zu verwechseln mit Sol den Serra!

Cala Xuclar, 07810 Torrent de Sa Palanca

Von San Juan kommend über die Landstraße nach Portinatx. 2 Kilometer vor Portinatx zweigt links ein Sandweg ab, der steil nach unten führt. Das Auto oberhalb der Buch parken und den Rest laufen.

Sonntagsvergnügen

40 *Der „Wintermarkt“ in Sant Joan de Labritja*

Der Name täuscht, denn tatsächlich findet der Wintermarkt (auf Spanisch: Mercadillo de invierno) an jedem Sonntag statt, sowohl im Hochsommer als auch in den Wintermonaten. Er ist weniger Touristen-Attraktion als vitaler Sonntagstreff für Einheimische, Residenten und Insider. Man flaniert im Herzen von Sant Joan und im Schatten der Kirche, vor der malerischen Kulisse der typisch ibizenkischen Häuserzeile mit den alten schmiedeeisernen Gittern an den kleinen Balkonen. Schöner könnte die Szenerie nicht sein. Das hat sich herumgesprochen, und inzwischen finden immer mehr Gäste den Weg in den Norden. Neben Kleidung, Biokosmetik und Schmuck gibt es Kuchen und Marmeladen, selbst gemacht, versteht sich, eingelegte Oliven und Früchte, aber auch frisches Obst und Gemüse, Brot, Wurst und Käse. Künstler stellen ihre Werke aus: Fotografien und Aquarelle. In nostalgischen Holzschnitten wird das Ibiza der Fünfzigerjahre lebendig. Am verträumtesten sind die ersten Vormittagsstunden; um die Mittagszeit wird es voll, und man muss lange nach einem Parkplatz suchen. Viele kommen zum Brunch oder Mittagessen, denn es gibt reizvolle Alternativen und wesentlich mehr, als man in einem so winzigen Dorf vermuten würde. Manche springen gleich ins Auge, andere entdeckt man erst beim Rundgang hinter den Ständen. Der lauschige, begrünte Hof neben der Natursteinmauer an der Straße hinter der Kirche ist so ein verführerischer und verborgener Ort. Nur ein paar Schritte weiter das „Gare du Nord“. Der Name passt, denn das inseltypische Gästehaus dürfte für manche zur Haltestelle im Norden werden. Eine pfiffige Mischung aus rustikal und richtig schick. Unübersehbar, weil mittendrin, ist das „Giri Café“. Ein Interieur wie aus einem Londoner Szenelokal. Ländlicher Charme gepaart mit urbanem Lifestyle. Loungebetten zwischen Bananenstauden und Sonnenblumen. Man sitzt am Rand der Beete, auf denen das Gemüse wächst, das später auf dem Teller landet. Blick ins Feld statt Blick aufs Meer. Sant Joan, wir kommen!

TIPP Vista Alegre. Seit der Hippie-Zeit ist das familiengeführte Lokal die Seele des Ortes.

Mercadillo de invierno, Land- und Hippie-Markt, Sant Joan de Labritja (Ganzjährig an jedem Sonntag von 10 bis 14 Uhr)

Im Bann der Tanit

41 *Das punische Heiligtum Es Culleram*

1960 kam der Schriftsteller Leif Borthen zum zweiten Mal nach Ibiza, fuhr mit dem Bus in den Norden und wanderte von Sant Joan auf einem Eselspfad nach Sant Vicent, das er vor drei Jahrzehnten entdeckt hatte und das noch immer vom Rest der Welt vergessen schien; die zivilisierte Welt endete quasi in Sant Joan bzw. in Sant Carles. Erst drei Jahre später entstand die Teerstraße, die hinter der Provinzhauptstadt Sant Joan den Pass erklimmt und in Serpentinen ins Tal führt. Einst verlief sie im dichten Pinienwald und nur hin und wieder erhaschte der Autofahrer einen Blick auf die Landschaft, doch seit dem großen Brand im Mai 2011 ist die Sicht frei auf die felsigen Steilhänge, die vereinzelten Fincas und terrassierten Felder. Noch immer liegen verkohlte Baumstämme wie gigantische Zahnstocher auf den Bergen, aber das Unterholz hat die schlimmsten Wunden überwuchert und den kargen Boden mit einem grünen Flaum überzogen. War es die Abgeschiedenheit und Stille, die mehr als zweitausend Jahre zuvor die Phönizier animierte, ihren Göttern in diesem Tal ein Heiligtum zu errichten? Nur einen Kilometer vom Strand entfernt, verborgen in einer Tropfsteinhöhle, die erst 1907 entdeckt wurde. Jahrzehntelang war der Zugang frei, und man erkundete die Höhle auf eigene Faust, ließ sich von Blumen auf dem Steinaltar bezaubern, der durch einen Spalt in der Felsdecke beleuchtet wird, der Fruchtbarkeitsgöttin Tanit geweiht. Ihr Lächeln ist so geheimnisvoll wie das der Mona Lisa. Heute ist der Zutritt zur Höhle mit Eisenstäben versperrt und der verbliebene Schatz an Tongefäßen (auch die Büste der Tanit) im Hauptstadt-Museum ausgestellt. Das Heiligtum Es Culleram bleibt ein Pilgerort – für Spaziergänger und Wanderer, die vom Strand aus (vorbei am Boat House) dem trockenen Flussbett folgend das Tal erkunden. Zwei Kilometer hinter der Höhle wartet das Es Café, auch Casa Pepe genannt, wo Leif Borthen Quartier nahm und das Buch „Der Weg nach San Vicente“ schrieb. Ein Foto an der Wand erinnert daran.

TIPP

Es Café, genannt Casa Pepe, Poststation, Bar und Gasthaus, Can Vicent de Sa font, Nr. 1, Tel. +34 971 32 01 34.

Das punische Heiligtum Es Culleram, Carretera PM-811, markierter Abzweig an der Landstraße zwischen Sant Vincent und der Bucht Cala de Sant Vicent

Ein Fest für die Seele

42 *Das Patronatsfest in Sant Vicent de Sa Cala*

Das Patronatsfest von Sant Vicent am 5. April ist eines der romantischsten der Insel, denn auf dem kleinen Platz vor der Kirche im grünen Norden sind die Einheimischen unter sich. An diesem Festtag trifft sich der ganze Ort, um die Prozession der Heiligenbilder zu bewundern, die nach der Messe rund um das Kirchlein führt. Dann wird in wunderschönen Trachten getanzt. Begleitet von Flöte und Trommel, die ein Musiker kunstfertig mit beiden Händen spielt, hüpfen die Männer und klappern mit einer Art Kastagnetten, während die Frauen sie mit Trippelschritten in Achterschleifen umrunden, auf der Brust den wertvollen Goldschmuck. Zum Baile pagès (Bauerntanz) genießen die Zuschauer frisch gebackene Buñuelos, frittierte Krapfen aus Mehl und Kartoffeln, gewürzt mit Anis. Das köstliche Gebäck wird auf großen Tabletts herumgereicht, dazu gibt's Rotwein aus Plastikbechern und jede Menge Lokalkolorit. Man fühlt sich wie ein privater Gast, auch wenn man nur zufällig aufgetaucht ist. Wenn man Glück hat und das Patronatsfest auf das Wochenende fällt, tanzen auch die Kinder in den traditionellen Kostümen im Kreis der Bewunderer. Ansonsten geht Schule vor; es gibt auf Ibiza zu viele Feste, um an jedem schulfrei zu gewähren. Jedes Dorf hat sein eigenes Patronatsfest mit Baile pagès, in der Regel am Namenstag des Heiligen, nach dem es getauft ist. Keine Touristen-Folklore, sondern gelebte Tradition, vergleichbar mit dem Brauchtum rheinischer Schützenfeste. Die Festlichkeiten dauern oft eine ganze Woche, mit Konzert und Theater, Tanz und Festessen für Gemeinde und Gäste. Getanzt wird auch an großen Kirchenfesten, am Tag der Kirch- und der Brunnenweihe und zum Ehrenfest der Dorfältesten, die einmal im Jahr von der Dorfgemeinschaft gefeiert und bewirtet werden. La Fiesta de la tercera edad, übersetzt: das Fest des dritten Alters, nennen die Ibizenker das Fest für die Gemeindemitglieder ab 80, was eine optimistische Sicht auf das Leben und die Lebenserwartung offenbart.

TIPP

Nit (Nacht) de Sant Joan: am Abend des 23.6. feiern die Einheimischen an den Stränden.

Das Patronatsfest in Sant Vicent de Sa Cala

Weitere Patronatsfeste: Sant Antoni 17. Januar, Santa Eulària 12. Februar, Sant Josep 19. März, Ibiza-Stadt 10. Juli und 5. August, Sant Agustí des Vedrà 28. August, Sant Joan 29. August, Sant Carles 4. November, Santa Gertrudis 16. November

Traumbucht für Badenixen

43 *Die Cala de Sant Vicent im grünen Norden*

Im äußersten Nordosten, hinter den Sieben Bergen, liegt eine der schönsten Badebuchten Ibizas, von den Einheimischen zärtlich „Sa Cala" genannt. An den Wochenenden kommen viele Insulaner vom anderen Ende der Insel, denn wenn die Strände der Salinen überlaufen sind, ist hier immer noch Platz. Der tiefe Sandstrand war nicht naturgegeben; die Cala verdankt ihn dem Tourismus: dem Bau von zwei Hotels, die das Bild von der Seeseite etwas stören; dafür ist die Aussicht von der palmenbestandenen Promenade umso großartiger. Ursprünglich war der Sandstrand schmal und kieselig. Bis Anfang der 90er im frühen Frühjahr ein riesiges Baggerschiff auftauchte; es grub weit draußen Sand aus dem Meeresboden und warf ihn so lange auf den Strand von Sant Vicent, bis er dreimal so groß war und die Hälfte der Bootshütten auf dem Trockenen lag. Mit dem herrlichen Sand kamen kleine rosafarbene Muscheln – und neue Glücksgefühle für die Badegäste. In der weit geschwungenen, aber natürlich geschützten Cala de Sant Vicent liegt das Meer oft still wie ein See. Dann leuchten die Seegrasfelder im kristallklaren Wasser aus großer Tiefe, und man kann auch ohne Schnorchel die Fischschwärme mit den Augen verfolgen. Silber in Türkisgrün und Dunkelblau. Unvergleichlich ist der Blick übers Wasser auf die anmutige grüne Bergkette, die Steilküste von Aguas Blancas und die Insel Tagomago. Links steigt der Berg Punta Grossa aus dem Wasser, weiß gesprenkelt mit Ferienhäusern. In der sommerlichen Bucht schaukeln die Boote. Die Fischer Antonio und Toni (Vater und Sohn) fahren regelmäßig hinaus, um die Restaurants der Cala mit frischem Fang zu versorgen. Welches das Beste ist? Das muss jeder selbst herausfinden – zwischen Ostern und Allerheiligen; oder an Weihnachten. Mindestens eines hat immer geöffnet. Nie ist die Stimmung in der Bucht magischer als an den warmen strahlenden Wintertagen, wenn die Hotels geschlossen, die Feriengäste abgereist und selbst die Strohschirme am Strand verschwunden sind.

TIPP

Ein Spaziergang hinauf auf den Berg Punta Grossa, links der Bucht, eröffnet grandiose Ausblicke.

Cala de Sant Vicent, 07811 Sant Joan de Labritja

Anfahrt über Sant Joan de Labritja oder Sant Carles de Peralta

Der Weg ist das Ziel

44 *Ruta 7. Mit dem Fahrrad durch die Felder*

Ein Radweg säumt die schnurgerade Landstraße, die von Santa Gertrudis nach Sant Miquel führt. Eine Art Fahrrad-Autobahn, denkt man erstaunt beim Anblick der zweispurigen, rot asphaltierten Piste, die mit schönem Sicherheitsabstand neben der Landstraße entlangführt. Der Premium-Fahrradweg ist erst wenige Jahre alt; er entstand im Zuge der Verbreiterung der Landstraße – ein Aufruf zum Radfahren, der bei den Insulanern jedoch ungehört verhallte. Zumindest sind Fahrradfahrer auf dieser Prachtstraße so selten wie Delfine auf dem Weg nach Formentera. Die „Verkehrswende" lässt auf sich warten, was angesichts schmaler, kurviger Landstraßen und bergiger Topografie kein Wunder ist. Da die Busverbindungen zu den entlegenen Orten selten sind, ist ein Auto fast unverzichtbar. Es sei denn, man ist sportlich und im Urlaub. Dann nämlich enthüllt die kleine Baleareninsel ihre geheimen infrastrukturellen Trümpfe: 800 Kilometer malerische Radwanderwege, kleine, kaum befahrene Landstraßen, Sandwege, die vorbei an entlegenen Gehöften führen, zwischen Wiesen, Obstplantagen und Äckern, durch Pinienwälder und Olivenhaine. Über 20 Rundtouren sind farbig und gut sichtbar ausgeschildert. Die Darstellung der Routen auf den Hinweistafeln erinnert ein bisschen an Straßenbahnlinien. Schwierigkeitsgrad und Dauer variieren; einen guten Überblick verschaffen die Kurzbeschreibungen, die im Tourismusbüro erhältlich sind (sogar auf Deutsch, wenn nicht vergriffen). Nord oder Süd, Berg oder Tal, Felder oder Buchten – schon die Auswahl der passenden Route ist ein Vergnügen. Durchtrainierte zieht es auf die kurvigen Höhenstraßen, wer es lieber gemütlich angeht, entscheidet sich für die blühenden Ebenen, zum Beispiel die Ruta 7, die in Santa Eulària beginnt und endet. Hier kann man sich auch gleich das Fahrrad leihen. Die entspannte Tour führt durch das fruchtbare Hinterland von Sant Carles, über die „Straße der Orangen", an der neben Zitrusfrüchten auch Avocados und Mangos wachsen. Eine Strecke für Genießer.

Ruta 7. Mit dem Fahrrad durch die Felder

Karten und Infomaterial zu mehr als 20 Radrouten gibt es im Tourismusbüro (Oficina de Información Turística), bspw. in Santa Eulària, C/ Mariano Riquer Wallis nº 4. Edificio Polivalente oder am Paseo de S'Alamera

7
1
2
3 - 4 - 5
1
SANTA EULÀRIA
INSTAL·LACIONS ESPORTIVES MUNICIPALS
PUIG DE MISSA DE SANTA EULÀRIA
MUSEU D'ETNOGRAFIA
MUSEU BARRAU
SANTA EULÀRIA
RUTA 7
SANTA EULÀRIA
Rutes cicloturistiques de Santa Eulària des Riu
Ajuntament de Santa Eulària des Riu
COTO
DE CAZA

Liebling der Blumenkinder

45 *Der Naturstrand Aigües Blanques*

Die Brandung hat dem Strand den Namen gegeben: weiße Wasser, katalanisch Aigües Blanques, spanisch Aguas Blancas. Bei Ostwind säumen weiße Schaumkronen die hohe Steilküste. Dann erinnert das Mittelmeer an den Atlantik, und man fürchtet, die Wogen könnten den Rest des Sandes wegspülen, den die Herbststürme übrig gelassen haben. Das Meer nimmt und bringt, beruhigen die Besitzer des Cima del Mar. Seit Jahrzehnten führt die Familie das einfache Strandrestaurant, das knapp zwei Meter über dem Wasser thront. Wenn der Wind die Wellen peitscht, kommt das Meer so nah, dass man es riechen und schmecken kann. Nass wird man nicht, aber so nah am Esstisch die Urgewalt des Meeres zu spüren, ist ein elementares Erlebnis, besonders im frühen Frühjahr. Aber es gibt auch andere Tage; bei Südwestwind ruht das Meer wie ein See, und an den vorgelagerten Felsen bleiben die Gischtfontänen aus. Spiegelglatt erstreckt sich die Wasserfläche bis zum Horizont, am seichten, sandigen Ufer durchsichtig und türkisblau. Schon in den 70er-Jahren erkoren die Blumenkinder von Sant Carles (damals das Zentrum der Hippie-Kultur in Ibiza) den wildromantischen, abgelegenen Strand zu ihrem Eldorado. Sie badeten nackt – was heute offiziell toleriert (FKK), aber nur von einer Minderheit praktiziert wird. Zu den Naturkindern gesellten sich Hipster und Familien. Am Fuß der Felswände, unter dem Schild „Achtung: Gefahr herabstürzender Steine", liegen die Sonnenanbeter gelassen und glücklich.

TIPP Toni Mariano, Landrestaurant & Geschäft inmitten von Äckern und Wiesen, Diseminado P 5 San Carlos.

Auf einem Felsvorsprung direkt an der Felswand sitzt auch die kleine Strandbar, vom Cima del Mar nicht sichtbar. Die „Bocadillos" sind hier so gut, dass sich schon dafür die Anfahrt lohnt! Knuspriges Baguette belegt mit Salat, Tomaten, Avocado, Hähnchenfilet, Tortilla, Thunfisch oder würzigem Rindfleisch mit Chimichurri. Die Auswahl ist riesig. Statt auf Tellern werden die „Bocadillos" im Bastkorb serviert, sehr praktisch für das Picknick am Strand. Zur Begleitung gute Musik aus kleinen Boxen. Ibizaspirit wie in den Siebzigern.

Playa Aguas Blancas, 07850 San Carles de Peralta

Strandrestaurant Chiringuito Aguas Blancas, Tel. +34 687 42 95 84; Strandbar Cima del Mar, Tel. +34 628 43 60 34, www.restaurantecimadelmar.com

DO More OF WHAT MAKES YOU Happy
100% PURE LOVE
DON'T TAKE LIFE TOO SERIOUSLY. NOBODY Gets Out ALIVE

Oase für die Sinne

46 *Ein Spa-Tag im Landhotel Atzaró*

Einer der schönsten Landstriche der Insel hat dem Ort seinen Namen gegeben: Atzaró. Eine Oase, die ihresgleichen sucht. LOVE steht am Ende des langen Wasserbeckens, das den Spa-Garten wie ein anmutiger Flusslauf durchquert und ihm das Flair maurischer Gärten verleiht. Erfrischung für Körper, Geist und Seele. Sauna, Yoga und Pilates, gepaart mit Ästhetik. Himmelbetten zwischen Orangenbäumen, asiatisch inspirierte Pavillons, gerahmt von Wasser, Schilf und Seerosen. Schon der Anblick ist so wohltuend wie die Massage oder das Bad im marokkanischen Hammam. Man muss es entdecken, dieses betörende Naturparadies im Nordosten der Insel, wo Schönheit und Stille miteinander wetteifern, nicht nur im Winterhalbjahr. Die herrlich authentische Finca – zur intimen Begrüßung der Hotel- und Tagesgäste die rosenumrankte Restauranttterrasse – ein Glücksort auch ohne Spa, die malerischen Gartentempel zum Lesen und Träumen. Zwischen gepflegten Rasenflächen und prachtvollen Bougainvilleahecken liegen Obst- und Gemüsegärten; ein paar Hühner gackern zwischen den Beeten. Im Atzaró wird ökologisch gewirtschaftet und gekocht. Das Wort Agroturismo ist irreführend, denn das Anwesen, das sich an der Orangenstraße in der fruchtbaren Inselmitte versteckt, ist Luxus- und Landhotel, Restaurant und Ruheort, Spa und Boutique, Hideaway und geselliger Treffpunkt. Zu schön und zu vielgestaltig, um es in Worten zu beschreiben. Beim Spazieren über die weitläufige Anlage entdeckt man immer neue Traumplätze und Sichtachsen. Seit 2004, dem Jahr der Eröffnung, hat sich das Atzaró verwandelt und vergrößert. Vom privat anmutenden Palmengarten zur märchenhaften Location für Geburtstage, Hochzeiten und große Musik-, Kunst- und Modeevents, bei denen jeder Inselbewohner willkommen ist. Aus einer exotischen Knospe wurde über die Jahre ein prachtvoller Strauß. Die Philosophie dieser blühenden Idylle bleibt unverändert. Am Parkplatz kann man sein E-Auto anschließen, bevor man die Oase betritt.

TIPP

Cas Campaner, Kaffee & Co. mit Wiesenblumen, 300 Meter vom Atzaró, Richtung Sant Carles.

Atzaró Agroturismo, Hotel, Restaurant, Spa und Event-Location, Carretera Sant Joan KM15, 07840, Ibiza, Tel. +34 971 33 88 38, www.atzaro.com

47 *Die malerische Bucht Pou des Lleó*

Wem die einen Strände zu voll und die anderen zu schick sind, wer Beach Clubs meidet und Stille sucht, der wird sich in Pou des Lleó am Ziel seiner Sehnsucht fühlen. Eine schmale, tief eingeschnittene Sandbucht, gesäumt von Pinienhügeln und roten Felsen. Der winzige Strand ist auch in der Hochsaison ruhig und verträumt, selbst das Meer wirkt häufig wie eingeschlafen. Kleine Boote dümpeln vor den Fischerhütten; sie werden im Frühjahr und Herbst hier zu Wasser gelassen und herausgenommen, ein spannendes und entspannendes Schauspiel für die Gäste des Chiringuitos. Victor ist der Inhaber; er hat eine vierjährige Lizenz für die Cala erworben und in die mobile Strandbude investiert, eine Mischung aus Kiosk, Snack und Cocktailbar. Ein Treffpunkt für Nachbarn und Freunde. „We have no Wifi, we have conversations" verkündet sein T-Shirt. So begrenzt das kulinarische Angebot, so unendlich ist die Ruhe in dieser Bucht und auf der mit Palmwedeln gedeckten Terrasse. Hier lösen sich alle Zwänge auf, wird jede Vorschrift bedeutungslos, wie das Schild an der Bootsgarage „Perros No" (keine Hunde), an dem der Podenco gerade das Bein hebt. Am Spätnachmittag gibt es manchmal Livemusik. Ein Widerspruch zur vollkommenen Ruhe. Aber die Investition in den Strandkiosk muss sich lohnen. Die Saison ist kurz. Im Winter ist das Holzhaus wieder verschwunden.

TIPP

Spaziergang zum Torre de Campanitx, Glücksort 48.

Eine Konstante ist das Restaurant Salvadó schräg gegenüber, das einzige Haus in der ganzen Bucht. Ein typischer Spanier mit traditioneller Küche. Keine Außenterrasse, sie wurde vor Jahren mit Schiebetüren geschlossen. Die spanischen Stammgäste ziehen es ohnehin vor, im Innenraum zu speisen und nehmen höchstens den Aperitif im Freien. Am Wochenende, vor allem sonntags, wenn (gefühlt) alle ibizenkischen Familien Paella essen gehen, wird es im Salvadó brechend voll. Vom Fenster hat man einen traumhaften Blick bis zur Cala de Sant Vicent. Herrlich am Spätnachmittag, wenn die Sonne tief steht und die orangerote Küste zum Leuchten bringt.

Platja Pou des Lleó, Carrer Pou des Lleó, 07850 Sant Carles de Peralta, Tel. +34 971 18 78 79

Achtung, Piraten!

48 *Der Wehrturm Torre de Campanitx*

Im äußersten Nordosten der Insel ist man meist allein mit den Möwen. Auf einem Berghügel am Rand der Klippe thront der Torre den Valls, auch Torre de Campanitx genannt, und blickt kilometerweit über Küste und Meer. Landmarke und Aussichtsposten. Einer von vielen trutzigen Wehrtürmen, mit denen sich die kleine Insel vor gierigen Freibeutern zu schützen versuchte, die Salz, Gold, Tiere und Menschen raubten. Ende des 14. Jh. waren nur noch 500 Familien übrig. Um die vom Wasser drohende Gefahr frühzeitig zu entdecken, wurden rund um die Insel Wachtürme gebaut, in Sicht- und Hörweite voneinander, sodass sich eine Nachricht wie ein Lauffeuer von Turm zu Turm verbreiten konnte. Tagsüber mit Rauchzeichen aus frischem, qualmendem Gras oder durch Blasen auf dem Muschelhorn, nachts mit weithin sichtbaren Leuchtfeuern. So hatte die alarmierte Bevölkerung Zeit, sich in den Wehrkirchen zu verbarrikadieren bzw. ihrerseits zum Gegenangriff zu rüsten. Zwischen dem 17. und 19. Jh. soll es 117 ibizenkische Korsaren gegeben haben. Noch immer krönen trutzige Wehrtürme die Berge in allen vier Himmelsrichtungen. Selbstredend bieten alle einen grandiosen Weitblick – anders hätte das „Frühwarnsystem" auch kaum funktioniert. Der Torre de Campanitx ist einer von ihnen, wenn auch stark restauriert, nachdem ihn eine Schießpulverexplosion fast zertrümmert hatte. Jetzt erstrahlt er wieder in alter Schönheit, besonders am späten Nachmittag, wenn die tief stehende Sonne den Sandstein golden färbt. Von hier aus überblickt man die gesamte Ostküste, über Aguas Blancas bis zur Cala de Sant Vicent. Zu Füßen liegt die Insel Tagomago wie ein schlafendes Dromedar. In den 70ern konnte man die menschenleere Insel mit einem Fischerboot anlaufen, dort picknicken oder in einer Strandbar zu Mittag essen. Dann wurde sie verkauft und (teil-)privatisiert; ein Haus entstand in der Inselmitte. Bei Kühn & Partner kann man es mieten. Die TV-Moderatorin Sabine Christiansen hat dort Hochzeit gefeiert.

TIPP Im Hafen von Ibiza-Stadt erinnert ein Obelisk an die tapferen Seeräuber, die Ibiza verteidigten.

Der Wehrturm Torre de Campanitx
Man erreicht den Wehrturm in einem etwa 15-minütigen Spaziergang von der Bucht Pou des Lleó

Ganz weit weg

49 *Die Cala Boix im äußersten Osten*

Am Fuß einer hohen Steilküste öffnet sich die Cala Boix in einem weiten Halbkreis zum Meer. Bei Nordwestwind und an windstillen Tagen werfen Segler und Motorjachten hinter der Schwimmzone den Anker, um in dieser grandiosen Arena den Tag zu verbringen. Doch häufig umrunden sie das Kap zur Linken, um geschützter zu liegen, je nach Windrichtung vor der Insel Tagomago oder der Bucht Pou des Leó. Vom Rand der Klippe sieht man wenig von den Sonnenschirmen und -liegen der Cala Boix, nur üppige Pinienwälder, die bis in die Spalten der zerklüfteten Felsküste wachsen, und ganz hinten am Horizont den flachen Rücken der Insel Formentera. Kein einziges Haus unterbricht die Einsamkeit, nur auf der Höhe der Küstenstraße lugen wenige Dächer zwischen den Baumkronen hervor. Eine lange Treppe führt schnurgerade zum Strand hinab; ganz unten klebt ein charmantes Chiringuito am Steilhang, wenige Meter über dem Sand. Tische unter Strohschirmen, daneben ein Holzbalken, an dem leere Getränkedosen baumeln: Strandaschenbecher zum Mitnehmen, wie praktisch! Romantischer als hinter den Liegen sitzt man in der gelb gestrichenen Holzveranda, unter trockenen Palmwedeln, am liebsten in der ersten Reihe mit Blick auf das Strandleben, aber angenehm entfernt von Sonnenöl, Strandball und Rettungsschwimmern. Die Einheimischen lieben die abgelegene Bucht mit ihrem besonders feinen Sand. Er ist dunkler als an anderen Stränden, dadurch heizt er sich in der Sonne noch stärker auf. Beim Strandspaziergang läuft man im Wasser, das vorne seicht und warm ist und erst allmählich tiefer wird. Zwischen Sonnenbaden und Abtauchen verwöhnt das Chiringuito mit Kleinigkeiten: Salat, Tortilla, Bocadillos, „Boquerones en vinagre" (marinierte Sardellen) oder „pechuga de pollo", mit Käse gefüllte Hähnchenbrust. Einfache Gerichte, die durch das herrliche Panorama geadelt werden. Man folgt den Jachten mit den Augen und ist froh, bleiben zu dürfen. Schon der Blick auf das türkisblaue Meer trägt ganz weit weg.

TIPP Im Pinienwald entlang der Küstenstraße läuft man in 15 Minuten zur Cala Mastella.

Cala Boix, 07850 Sant Carles de Peralta
Anfahrt über Sant Carles

Ikonen der Hippie-Zeit

50 *Las Dalias und Bar Anita*

Seit den Sechzigerjahren sind die beiden Orte in Sant Carles Kult. Beide sind untrennbar mit der Hippie-Zeit verbunden, die atmosphärische Bar Anita und der Mikrokosmos Las Dalias: Restaurant, Café, Bar, Markt, Tanzsaal, Bühne, Dreh- und Angelpunkt des gesellschaftlichen Lebens im Osten der Insel. „Make love, not war" – das friedvolle Credo ließ sich auf der verträumten Mittelmeerinsel leicht mit Leben füllen, besonders in den ländlichen Rückzugsgebieten. Im Las Dalias wurde Hochzeit gefeiert, freigeistig und unkirchlich; dem Pfarrer war die freie Liebe ein Dorn im Auge. In den Achtzigern standen Musikgrößen wie Ron Wood, Jimmy Page und Bob Marley auf der Bühne, führte die englische Gemeinde zur Weihnachtszeit ihre Musicals auf. Vieles hat sich verändert, aber noch immer steht Ibiza für das Lebensgefühl der Hippie-Zeit und das Las Dalias für Aussteigen und Abhängen. Im September 2016 starb der Gründer Juan Marí Juan. Doch die Legende lebt. Sein Sohn Juanito macht weiter, mit Solarpanels auf dem Dach und geregeltem Parken. Auf dem Programm: Liveevents von Flamenco bis Reggae, Fusion Food und Fusion Music, marokkanische Delikatessen und spirituelle Vibes, nicht nur bei der legendären Mittwochsparty Namaste, einer Institution seit über 20 Jahren. Der berühmteste Hippie-Markt der Insel findet mindestens jeden Samstag statt und mutiert in der Weihnachtszeit zum alternativen Mercadillo de Navidad. Mit Strickpullovern, Glühwein und Livemusik.

TIPP Night Market im Las Dalias im Hochsommer. Weniger Hitze, Stau und Menschen. Und viel mehr Atmosphäre!

Wesentlich intimer ist es bei Anita. Die Bar liegt an einer engen und unübersichtlichen Straßenecke, doch dem Verkehr zum Trotz sind die Plätze an der Außenmauer sehr beliebt. Dabei sitzt man im Innenhof kühl und abgasfrei unter dem prachtvollen Blätterdach einer gigantischen Glyzinie. Hier scheint das Leben unverändert, als ob kein halbes Jahrhundert vergangen wäre. Die dunklen Holzstühle mit ihren geflochtenen Sitzflächen, der runde gemauerte Holzofen in der Ecke und die Wand der braunen Holzbriefkästen: wie aus der Zeit gefallen.

Las Dalias, Carretera San Carlos, km 12, 07850 Sant Carles de Peralta, Tel. +34 971 32 68 25
www.lasdalias.es

Bar Anita, Lugar Barri San Carlos, s/n, Islas, 07850 Sant Carles de Peralta

LUCK
STAR

Hier steht die Zeit still

51 *Das El Bigotes in der Cala Mastella*

Wer Kontinuität mag, wird diesen Ort lieben. Seit Jahrzehnten verändert sich in der Cala Mastella nicht das Geringste. Unantastbar scheint die Idylle der verträumten Bucht, ein winziger natürlicher Hafen mit Bootsgaragen und Pier. Und einer schlichten Terrasse, auf der die frisch gefangenen Fische sofort verzehrt werden. Jeden Mittag wird über offenem Feuer in einem großen Topf gekocht. Alle Gäste essen das Gleiche: um 12 Uhr frisch gebratenen Fisch, um 14 Uhr Guisado, einen köstlichen Fischeintopf mit Kartoffeln, Safran und Knoblauch. Danach wird der Fischsud mit Reis serviert. Extrawürste gibt es nicht. Hier gilt: Was auf den Tisch kommt, wird gegessen. Nur die Getränke darf man aussuchen. Und den Nachtisch: Flaó, ibizenkischer Käsekuchen mit Anis und Minze. Krönender Abschluss: Café Caleta, eine lokale Spezialität aus Kaffee mit Brandy, Zimtstange und Zitrone. Es heißt, Fischer hätten das Rezept erfunden, um sich in kalten Morgenstunden für den Tag auf See zu rüsten. Am ersten Tisch nahe dem Feuer sitzt der Patron, hochbetagt und fast erblindet, aber jeden Tag präsent. Sein buschiger Schnurrbart (spanisch: bigotes) hat dem Lokal den Namen gegeben, die Familie kümmert sich um Fischfang und Küche. Seit wenigen Jahren gibt es die Möglichkeit, telefonisch zu reservieren. Davor musste man persönlich vorsprechen, um eine Chance auf einen Platz zu haben. Es heißt, selbst der König sei einmal abgewiesen worden, weil jeder Stuhl schon vergeben war. Die romantischsten Tische stehen ganz vorne am Wasser, wo man beim Essen die Fische beobachten kann. An stürmischen Frühjahrstagen kann es hier schon mal nass werden. Dann rollen die Wellen bis tief in die schmale Bucht, und es heißt bei jeder großen Woge „Füße hoch!", bevor der niedrige Betonsockel vom Meer überspült wird. Wer vor oder nach dem Essen schwimmen will, klettert über die Felsen zur lauschigen Badebucht gleich nebenan. In dem tiefen Bergeinschnitt ruht das Meer so still und geheimnisvoll wie ein Schweizer Bergsee.

TIPP Oleoteca Ses Escoles; Restaurant und Ölhandlung in einer ehemaligen Schule, Carretera Sant Joan, km 9,2, Tel. +34 871 870229.

El Bigotes, Camino Cala Boix a Cala Mastella, 138T, Tel. +34 650 79 76 33

Im Küstenabschnitt zwischen Santa Eulalia und San Carlos. Man erreicht die kleine Bucht über die Cala Boix, Sant Carles oder Es Cana.

Dauerbrenner

52 *Der Landgasthof Ca's Pagès*

Ca's Pagès bedeutet Landhaus; man denkt an Feld und Finca. Doch wer das gleichnamige Restaurant nicht kennt, würde unweigerlich vorbeifahren und einen der schönsten Landgasthöfe der Insel verpassen, denn die unscheinbare Straßenfront mutet wie ein ganz gewöhnliches Wohnhaus an. Es ist auch eines; der bäuerliche Gastraum befindet sich darunter, quasi im Souterrain wie auch der weitläufige Garten hinter dem Haus. Eine steile Treppe führt hinab, unter einem hübschen hölzernen Hinweisschild. Die resoluten Töchter von Toni Pujolet, Carmen und Lucía, führen das traditionsreiche und äußerst populäre Lokal, das ihr Vater 1972 neben seiner Bäckerei eröffnete. Der rustikale Landgasthof ist immer voll und – weil bei temperamentvollen Spaniern beliebt – lebhaft und laut, besonders an den Wochenenden ab 22 Uhr, wenn die ersten Urlauber ins Bett gehen und die Einheimischen eintreffen – schließlich haben viele Geschäfte bis 21 Uhr geöffnet. Im Sommer sitzt man unter einem Blätterdach auf typisch spanischen Holzbänken und -stühlen, im Winter im rustikalen Innenraum am flackernden Kaminfeuer neben großen Fässern und Natursteinmauern. Vom Holzkohlengrill kommen saftige Landhühnchen, krosse Lammkoteletts, ganze Kaninchen und riesige Steaks. Aus der Küche die ganze Palette ibizenkischer Hausmannskost wie Ensalada Payesa (Bauernsalat mit Kartoffeln und Paprika), Sobrasada, Sofrit Payés und Arroz de Mantanza – zwei deftige Eintöpfe. Einfach probieren, aber bloß nicht zu viel bestellen! Die Portionen sind so groß, dass oft zwei Personen mit einer satt werden. Beilagen muss man extra bestellen, aber auch sie sind so reichhaltig, dass man froh ist, teilen zu dürfen. Zum Nachtisch gibts die Inselklassiker Flaó (Käsekuchen mit Anis und Minze) und Greixonera, eine Art Brotpudding aus Ensaimadas (Teigschnecken) und Eiern. Tischreservierungen werden nicht angenommen, man darf spontan sein. Besonders im Sommer kann es etwas dauern, bis man an die Reihe kommt.

TIPP Einen köstlichen Flaó gibt es in der Bäckerei Forn Can Bufi in Santa Eulària, Calle San Lorenzo 17.

Cas Pagès, Grill-Restaurant, Carretera San Carlos, km 10, 07840 Santa Eulària des Riu, Tel. +34 971 31 90 29

Dramatische Kulisse

53 *Cinema Paradiso im Amante Beach Club*

Leise rauschen die Palmen. Man versinkt im weichen Sitzsack, neben sich ein Tischchen mit Popcorn unter sanft gedimmtem Licht, über sich die Sterne. Die Brandung schlägt gegen die Klippen und flutet über den steinigen Strand. Vor einer geheimnisvoll leuchtenden Felswand steht die Leinwand. Dann beginnt der Film des Cinema Paradiso. Ein Klassiker oder Blockbuster wie „Once upon a time in Hollywood", aber wirklich wichtig ist der Film eigentlich nicht. Die Kulisse ist alles. Dramatischer kann ein Kinoerlebnis unter freiem Himmel nicht sein als auf dieser spektakulären, dem offenen Meer zugewandten Felsterrasse. Sol den Serra ist der Name der einsamen Bucht mit den schroffen Felswänden und dem schwer zugänglichen Strand. Ein außergewöhnlicher Ort für ein kleines, exklusives Paradies: Amante Beach Club. Das Baden steht hier nicht im Vordergrund, denn Berge weißer Steine säumen das Ufer und machen das Schwimmen zur Herausforderung, wenn es gilt, die schäumende Brandung zu überwinden. Dafür gehört dem Badenden der wilde Steinstrand meist ganz allein. Die meisten Gäste kommen nur zum Chillen. Bei guter Musik in der richtigen Lautstärke, Entspannungsmassage und kühlen Drinks. Auf geschmackvollen Loungebetten, natürlich aus Holz, nicht aus Plastik. Essen und Trinken auf drei Etagen, eine schöner als die andere. Die wilde Ursprünglichkeit der Felsbucht spürt man am besten auf der untersten, nahe dem Meer. Hier stehen die Holztische neben mächtigen Agaven direkt auf dem gestampften Erdboden. Grandios in Vollmondnächten, wenn die Mondstraße genau auf die Bucht zuläuft. An kühleren Tagen sitzt man beim Abendessen auf der obersten Terrasse geschützt vor den Winden. Etwas Warmes zum Überziehen ist trotzdem sinnvoll, denn das stylische Restaurant ist offen zum Meer. In der Hochsaison muss man mehrere Tage im Voraus reservieren, sonst bekommt man höchstens noch einen Platz in der Bar. Einst fanden nur Insider den Weg hierher. Manchmal wünschte man, die Hinweisschilder würden wieder verschwinden.

TIPP Das Cinema Paradiso gastiert an verschiedenen Plätzen der Insel. Das Programm steht im Internet.

Amante Beach Club, Cala Sol d'en Serra, Calle Afueras, 07849 Cala Longa, Tel. +34 971 19 61 76

Hinter dem Strand der Cala Llonga den Ort durchqueren, dann den Berg hinauf. Der Beschilderung folgen

CASTLE ROCK
ENTERTAINMENT
A TimeWarner Company

Hotspot der Kitesurfer

54 *Die Cala Martina auf dem Weg nach Es Canar*

Wie große bunte Schmetterlinge liegen die Kiteschirme im Sand, bevor sie in die Lüfte aufsteigen. Von Nahem wirken sie riesenhaft und doch so klein im blauen Winterhimmel. Die Cala Martina zwischen Es Canar und dem Campingplatz von Punta Arabí ist ein Hotspot der Wassersportler, denn der lange, schmale Sandstrand – mehr eine „playa" als eine „cala" – fällt flach ins Wasser ab, ideal für Surfer, Kajaks und Stand-up-Paddler. Die Hotelanlagen verschwinden in weitläufigen Gärten und sind vom Wasser aus kaum sichtbar, doch die scheinbar unberührte Idylle trügt. Im Hochsommer ist der Strand von Urlaubern überschwemmt, was angesichts der herrlichen Lage und der Nähe zu mehreren Urlaubsorten kaum verwundern kann. Erst im Lauf des Oktobers schließen Club-Anlagen und Sportanbieter, und die Cala Martina wird zum Robinson-Traum. Jetzt gehört der Strand den Kitesurfern und ihren Zuschauern. Im Strandrestaurant sitzt man in der ersten Reihe, und das auch in den Wintermonaten, dank der fleißigen spanischen Familie, die das einfache Holzhaus mit der riesigen Terrasse bewirtschaftet. Wenn an sonnigen Sonntagen die Plätze knapp werden, wachsen die Tische auf den Strand hinaus, an dem die Kiter entlangsausen, so dicht, dass man das Spritzen der Gischt und das Knattern der Segel hört – mit Bewunderung und Herzklopfen. Kein Wunder, dass das Kiten in der Sommersaison nur draußen auf dem Meer und fern der Küste erlaubt ist, wozu es dann ein Boot braucht. Im Winter sind vor allem die Einheimischen in ihrem Revier. Die meisten sind winderprobte Könner, die elegant über das Wasser gleiten und bisweilen meterhohe Sprünge vollführen, eine packende Vorstellung zur dampfenden Paella. An windigen Tagen kann es trotz heißer Kite-Show und strahlendem Himmel gefühlt kalt werden; dann hilft es, sich warm einzupacken oder hinter die Plastikplanen zu flüchten, die die offene Terrasse schützen – wie an der Nordsee, aber mit mediterranem Lebensgefühl.

TIPP Am Abend im Fachthafen von Santa Eulària flanieren und im Restaurant Bollywood indisch schlemmen.

Cala Martina, 07849 es Canar

So bunt wie die Welt

55 *Der Beach Club Aiyanna in der Cala Nova*

Die großen, leuchtend bunten Schirme sieht man von Weitem. Exotische Riesenblumen, die wie aus karibischen Gefilden hierher verpflanzt scheinen. Aiyanna bedeutet ja ewige Blume; ein Wort aus der Sprache der amerikanischen Ureinwohner. Doch in Wahrheit sind die farbigen Kreise fantastische, handgefertigte Drachen, wie sie in Santiago Sacatepéquez zum Himmel steigen. Von Guatemala sind sie zum Mittelmeer geflogen, um an Ibizas Südküste zu landen, angelockt vom türkisblauen Wasser dieser anmutigen, von Pinien umrandeten Sandbucht. Guatemaltekische Muster schmücken auch die Butterflysessel und -kissen. Bastlampen, Körbe und Holzmöbel atmen lässigen Boho-Chic. Eine unangestrengte natürliche Eleganz, die ganz ohne Glamour auskommt, welch erfrischender Kontrast zu Nassau und Nikki Beach. Der Amante Beach Club (siehe Glücksort 53) stand Pate bei der Geburt des Aiyanna – alles klar! Romantiker sitzen am liebsten ganz vorne, wo man nur das Meer (und wenig andere Gäste) sieht, eingerahmt von Agaven und Palmen. Die erhöhte Terrasse weitet den Blick auf Segelboote und Jachten. Man nippt am Signature Cocktail Amora Aiyanna – dank Blue Curaçao farblich passend zur Bucht – und lässt sich von der chilligen Musik davontragen. Ein beliebtes Gruppenerlebnis ist dagegen der morgendliche Yogakurs mit anschließendem Super-Biofrühstück, glutenfreies Brot inklusive. Im Sommer wird es im Aiyanna voll und lebhaft, denn die weit geschwungene Cala Nova wird von Urlaubszentren flankiert. Links Cala Llenya, rechts Es Cana. An beiden Orten wimmelt es von Unterkünften. Ruhig ist es daher im Aiyanna höchstens in den ersten und letzten Wochen der Saison. Dann kann man auch ohne Reservierung auf einen Tisch hoffen, um die kosmopolitische Küche zu testen: libanesische Falafel, italienische Pappardelle, griechischen Salat, marokkanisch gewürztes Hühnchen, amerikanische Beef Burger oder spanischen schwarzen Reis – ein Menü für Weltbürger. Am silbernen Airstream-Wohnwagen gibt es frische Vitamine on top.

TIPP Ein paar Meter westlich: Atzaró Chiringuito, der lässige Beach Club des luxuriösen Landhotels.

Aiyanna Beach Restaurant, Cala Nova, Tel. +34 971 33 04 56, 07850 Eivissa
www.aiyannaibiza.com

Dem Himmel so nah

56 *Die Dachterrasse des Hotel Me*

Das Hotel Me ist eines der „Leading Hotels of the World". Ein prestigeträchtiger Titel, der per se hohe Erwartungen weckt. Man schwebt mit dem Aufzug zur Dachterrasse empor und ist beeindruckt von der unerwarteten Weite. Ein überwältigendes Panorama aus Meer, Pinien und Bergen umgibt die weiße Bar in der Mitte. Infinity Pool, Loungesofas, niedrige Tische – weniger ist mehr. Seit Jahren ist die Aufwertung des Tourismus das erklärte Ziel der Inselregierung. Nicht mehr Hotels, sondern bessere. Vier- und Fünf-Sterne-Häuser statt Billighotels wie in San Antonio (wo die preisbewusste englische Klientel bevorzugt logiert). Das passende Premium-Image hat Ibiza bereits seit Jahren. „Insel des Jet-Set" heißt es häufig, und im Juli/August, wenn gigantische Jachten vor Ibiza kreuzen und in den Marinas vor Anker liegen, scheint sich der Eindruck einer „Insel der Reichen und Schönen" zu bestätigen. In den letzten Jahren wurden mehrere Hotels eröffnet, die eine gut betuchte Klientel vor Augen haben, was ein Blick auf die Zimmerpreise verrät. Wer lieber schlichter wohnt, aber zwischendurch (man ist ja im Urlaub) etwas Jetset-Feeling und extravagantes Ambiente sucht, kommt einfach zum Cocktail, Sundowner, Lunch oder Abendessen. In den Restaurants und Bars der neuen Luxushotels sind auch externe Gäste willkommen. Eine der ersten Adressen bleibt das Grandhotel Montesol, das seit der Kernsanierung und Wiedereröffnung zur Hilton Gruppe gehört. Viele kennen die dekorative Kolonialfassade von einem berühmten Pacha Poster, aber nur wenige die Dachterrasse, die nach dem Umbau entstanden ist, denn man bemerkt sie von unten nicht. Ein himmlischer Ort, herausgehoben und losgelöst vom Trubel der Stadt, mit unfassbarem Rundblick auf Stadt und Hafen. Zum Kreis der Luxushotels zählt auch das Nobu Hotel Ibiza Bay an der Bucht von Talamanca, die grandiose Metamorphose eines alten Hotels. Hollywoodstar Robert de Niro ist daran beteiligt; an Prominenz hat es in Ibiza ja noch nie gemangelt.

TIPP Die beste Roof Top Bar von Santa Eulària hat das „Aguas de Ibiza" mit Blick auf den Jachthafen.

Me, Hotel, Restaurant & Bar, Urbanizacion S'Argamassa 153, 07840 Santa Eulalia del Río (Richtung Es Cana), Tel. +34 912 76 47 47

BULLDOG
BUSHMILLS

Glücksgefühle unter Pinien

57 *Das Pura Vida am Strand Niu Blau*

Unglaublich, wie unberührt und still diese lauschige Bucht auch im Hochsommer wirkt, obgleich sie so nah an Santa Eulària liegt, eine der drei Urlaubshochburgen der Insel. Auf den ersten Blick wirkt sie völlig unbebaut, nur ganz auf der Seite schimmert eine niedrige Apartmentanlage durch das Grün. In der Mitte grenzt die Terrasse des Restaurants Pura Vida an den Sandstrand, und am anderen Ende, schon außer Sichtweite, liegt ein zweites Restaurant, ein typischer Spanier. Dahinter schaukeln Boote in einem natürlichen Hafenbecken, auch Tretboote mit Rutschen, denn die Bucht Niu Blau lockt Familien mit seichtem, sonnenwarmem Wasser und feinem Sand, ideal zum Kuchenbacken und Burgenbauen, wenngleich die Wellen fehlen, um den Burggraben zu fluten. Dafür bleiben die Kunstwerke länger erhalten. Eine erfrischende Bereicherung dieser bodenständigen Idylle ist das Ambiente des Pura Vida: cool, modern, geschmackvoll. Wie die anspruchsvolle Küche. Sie serviert raffinierte mediterrane und asiatisch inspirierte Gerichte: Ceviche und Poke Bowl, Power Food aus Hawaii. Und Festtagsgerichte für große Runden. Denn am Strand von Niu Blau wird gerne geheiratet. Das Meer ist Zeuge und die dunkelgrünen Pinien, die das Restaurant umarmen. Eine romantische Kulisse für den schönsten Tag im Leben. Die Hochzeitsgäste nehmen auf weißen Stühlen Platz, ein luftiger Baldachin erwartet das Brautpaar zum Treueschwur. Natürlich ist ein Strandabschnitt für die Hochzeitsgesellschaft reserviert, aber Badegäste dürfen zuschauen. Die Bucht ist so breit, dass für neugierige Strandurlauber reichlich Platz bleibt. Am späteren Nachmittag, wenn die Feier meist beginnt, leert sich der Strand ohnehin von selbst, denn die Sonne versinkt hinter den Pinien und nicht im Meer. Traumhaft ist das Licht hier trotzdem, denn das Hinterland ist flach und kein Berg steht der Abendsonne im Weg, die das Wasser zum festlichen Glitzern bringt. Ein DJ sorgt für entspannte Musik, mittags und abends. Nicht nur an Hochzeitstagen.

TIPP Can Rolf, Schweizer Spitzenküche. Carrer Isidor Macabich, 30, Santa Eulària.

Pura Vida Beach Restaurant, Playa Niu Blau, Carretera Es Canar, km 1,5, 07840 Santa Eulària des Riu, Tel. +34 971 33 97 72, puravida-ibiza.com

Voodoo, Vintage & Design

58 *Los Enamorados in der Cala Portinatx*

„Die Verliebten" heißt das unprätentiös wirkende Hotel, das an einer kleinen Nebenbucht in Portinatx liegt. Ein Versprechen, das warme Gefühle und Erwartungen weckt. Wie die genialen Instagram-Fotos: cooles Design, Tische mit Meerblick, Boote im Sonnenuntergang. Dabei gehört Portinatx zu den Urlaubsorten, die auf der Inselrundfahrt oft links liegen bleiben, trotz der traumhaften Lage an einer fast kreisrunden Bucht. „Hostal" steht auf der Vorderseite, den kleinen Zusatz „seit 1964" versteht man als dezenten Verweis auf die Zeit und Lebensphilosophie der Blumenkinder, die die entlegensten Ecken der Insel bevorzugten. Weit weg von konventionellen Gestaltungsmustern ist auch das 9-Zimmer-Hideaway, das der Franzose Pierre Traversier, ein ehemaliger Basketballspieler, und Rozemarijn de Witte, eine kreative Holländerin, mit Stilgefühl und Fantasie erschaffen haben. Aus einem alten Hotel und Fischerhaus ist ein Ort zum Verlieben geworden, individuell und sehr persönlich. An der Stirnseite des Gebäudes ein küssendes Paar, Wall Art mit Charme und Bezug zu den Eigentümern, deren Lebensgeschichten und Reisen sich im farbenfrohen und detailreichen Interieur widerspiegeln: afrikanische Objekte, Vintage-Möbel und ausgefallene Dekoobjekte, ein inspirierender und zugleich entspannter Design-Mix. Als hätte sich alles rein zufällig ergeben. Wer sich in ein Stück verliebt, der kann es erwerben; vielleicht ist dies das Geheimnis der beglückenden Zusammenstellung. Die riesige Terrasse schwebt über dem Meer; rechts eine Sandbucht, links das offene Meer – ein kleiner Ausschnitt, denn vor dem Gebäude wölbt sich eine flache Insel, die die Bucht zum Meeresarm verengt. Speisekarte und Publikum sind so international wie die Besitzer; auch zufällige Passanten sind gern gesehen. Grandios: der Quinoa-Salat mit Feigen und Granatapfelkernen. Sicher vom Baum der Verführung aus dem Paradies. Überraschung am Schluss: Zum Preis einer Übernachtung könnte man in Berlin im Adlon absteigen. Von wegen „Hostal".

TIPP

World Family Ibiza, kreative Multikultimode seit 30 Jahren, Carretera Sant Joan, km 17,5.

Los Enamorados, Carretera Vénda de Portinatx, 103, 07810 Portinatx
www.losenamoradosibiza.com

59 *Babylon Beach nahe Santa Eulària*

Babylonische Sprachenvielfalt herrscht in vielen ibizenkischen Buchten, aber am Babylon Beach gibt es obendrein „hängende Gärten" wie im antiken Babylon, denn die Oasen der Strandvillen reichen bis ans Meer, und eine riesige Pinie ist von der Uferböschung ins Meer gekippt, weil die flach wachsenden Wurzeln die schwere Krone nicht mehr halten konnten. Ein kleiner Fußweg trennt die privaten Grundstücke vom Wasser, denn die Küste gehört allen; so kann man am Ufer entlang in die Nachbarbuchten laufen. Die Bucht des Babylon Beach ist so klein, dass sie keinen eigenen Namen hat, im Grunde auch keinen Strand; die Liegebetten und Tische stehen etwa zwei Meter über dem Meer, wie auf einer natürlichen Aussichtsterrasse. Eine grob behauene Treppe führt direkt ins Wasser; im Sommer überbrückt ein Ponton den kieseligen Grund, damit man bequem ins Tiefe gelangt. Wer zum ersten Mal über die Landstraße von Santa Eulària nach Es Canar zum Babylon Beach fährt, ist erstaunt, hier diese verträumte Idylle zu finden, so nah am Stadtrand von Santa Eulària und nur wenige Meter von der Landstraße entfernt. Ein Insidertipp. Ohne die warme Empfehlung eines Freundes hätte man den Abzweig glatt übersehen; er liegt schräg gegenüber der Einfahrt zu einem Eroski Supermarkt – und ist nur in einer Fahrtrichtung beschildert. Versäumnis oder Methode? Man biegt neben einem mehrgeschossigen Apartmenthaus ein, parkt nach wenigen Metern neben dem Grupotel Santa Eulària & Spa und rätselt, ob man hier richtig ist. Dann dreht man sich um und erblickt den Eingang. Helle rustikale Tische, Füße im Sand, ein Dreirad mit Eisbox, Holzbetten mit weißen Matratzen, entspanntes Beach House Flair, Palmen und Pinien, Poke Bowl auf der Speisekarte. Ja, hier ist es, und wie gut, dass nicht jeder Passant darauf aufmerksam wird! Voll wird es trotzdem, vor allem im Hochsommer. Wieder ein Grund, den nächsten Ibizaurlaub im Mai oder September einzuplanen. Die Visitenkarte nimmt man schon mal mit.

TIPP Le 27, charmantes, französisches Bistro in der „Fressgasse" von Santa Eulària, Carrer de Sant Vicent 27.

Babylon Beach, Restaurant, Bar & Beach Club, Carrer Bartomea Tur Clapés, 20, 07840 Santa Eulària des Ríu, Tel. +34 971 33 21 81

Abzweig zur Bucht an der Landstraße nach Es Canar

Heimatküche im Zeitgeist

60 *Das Landrestaurant Es Caliu*

Seit 200 Jahren ist das Bauernhaus eine Anlaufstelle der Einheimischen. Die Lage direkt an der Landstraße prädestinierte es dazu, mehr zu sein als ein Privathaus; es diente als Kaufladen, Schule und Auto-Werkstatt. 1972 wurde das erste Restaurant eröffnet. Das Wahrzeichen dieses Traditionslokals steht neben der Finca direkt an der Landstraße: ein perfekt renoviertes historisches Windrad. Einst trieb es das Wasserrad an, das aus dem Brunnen das kostbare Nass für die Landwirtschaft schöpfte. Jetzt dient das mächtige alte Holz-Rad als dekorativer Hintergrund für Familienfeste und Hochzeiten. Platz gibt es genug auf der großen Terrasse und im angrenzenden Garten hinter dem Haus. Weißer Gartenkies deckt die Erde zu. Unter den Baumkronen eine Mischung aus vielerlei Tischen und Stühlen, Holzschemel mit Strohsitz und moderne weiße Kunststoffschalen; die Möbel sind so unterschiedlich wie die Gäste. Die Bar erinnert an das urige Chiringuito Aguas Blancas. Kein Zufall, die Besitzer sind die gleichen. Zwei junge Spanier, Toni und Narciso, haben das Traditionslokal übernommen und Farbe hineingebracht. Im wahrsten Sinn des Wortes: Der idyllische Orangenhain ist jetzt nachts mit Lampen und Lichterketten in vielen Farben illuminiert. Gelb, grün und rot leuchtet es zwischen den Ästen, ganz in Blau der Stamm der höchsten Palme. Die Spanier lieben es bunt und fröhlich, was spätestens bei der Weihnachtsbeleuchtung deutlich wird. Adios warmes Kerzenlicht, Sehnsucht der Romantiker. Aber dann wird das Grillhähnchen serviert und die Beleuchtung wird Nebensache. Was für ein Genuss! Außen knusprig, innen saftig, besser kann ein Pollo Payés (ein echtes fettes Landhühnchen) nicht schmecken. Vegetarier bestellen fruchtige Cocktails und gegrillte Gemüse, im benachbarten Bauerngarten biologisch gezogen. Dazu Livemusic zum Anfassen. Ein Saxophon erklingt, Gitarrenklänge und eine sanfte Männerstimme erfüllen die Abendluft. Die Nacht ist lau und das Leben ist schön!

TIPP Magazin, Top-Adresse für Möbel und Dekoration, Carretera Santa Eulària, km 3, 07840 Santa Eulària.

Es Caliu, Finca-Restaurant und Bar, Carrer de Sant Joan, km 10,8, 07840 Santa Eulària des Riu, Tel. +34 971 32 50 75

Restaurante
Es Caliu
STOP
Cocina Mediterránea
Mediterranean Cuisine
ABIERTO
OPEN
WWW.ESCALIUIBIZA.COM
Es Caliu

Leidenschaft für Vitamine

61 *Das Passion Café an der Strandpromenade*

„Gratitude is an attitude“ steht auf den Flyern, die an der Tür ausliegen. Im Passion Café wird die Leidenschaft für gesunde Ernährung in frischem Ambiente zelebriert. In Santa Eulària kommen Palmen und Meerblick hinzu, denn das kleine Restaurant liegt direkt an der herrlichen, palmenbestandenen Promenade neben einem plätschernden Springbrunnen. Nach dem Essen könnte man baden gehen, barriere- und rauchfrei, also passend zum modernen Lebensgefühl. Der Stadtstrand liegt dem Passion Café quasi zu Füßen; er war der erste Nichtraucherstrand der Balearen, ein Pilotprojekt, das Schule machte wie die Idee vom fleischfreien Leben. Hier ist das Passion Café Vorreiter. Die Einrichtung ist schlicht und unprätentiös, die Atmosphäre jung, locker und sympathisch: helle Holzmöbel, romantische Deko, ein frischer, verspielter Look mit viel Weiß und Türkis. Ein Gartenzwerg auf dem Küchenschrank und jede Menge Texttafeln mit saloppen Sinnsprüchen. Man legt Wert auf gute Produkte, gutes Essen und gute Stimmung. Wie das Schild auf dem Kühlschrank verkündet: „Life is too short for rice crackers“. Da stimmt man gerne zu und bestellt Mango Lassi und Rote-Beete-Carpaccio mit Schafskäse. Die gebürtige Kroatin und Ex-Londonerin Lana Love hat 2002 das erste Passion Café an der Platja d'en Bossa gegründet und ist heute Herrin von sechs trendigen Esslokalen. Die positive Energie, die sie selbst in sich spürt, will Lana Love weitergeben. Man spürt und schmeckt die Philosophie des „Du-bist, was-du-isst“ in allen Gerichten. Im Passion Café werden Superfoods serviert, glutenfreie Proteinpfannkuchen und vegane Haselnusskekse, Süßkartoffeln, Karotten-Apfel-Suppe und ABC (Apple, Beetroot, Carrot) Juices. Die Drinks heißen Energy Booster, Good Vibrations, Green Goddess und Superman. Wenn die nicht schön und stark machen! Am liebsten würde Lana Love nur vegane Gerichte servieren. Hühnchen und Fisch sind ein Zugeständnis an die Spanier. Die nehmen Snacks & Drinks vom Passion Café auch gerne fürs Strandpicknick mit.

TIPP Guacamole und feurige Jalapeños gibt's beim Mexikaner „El Deseo“, Paseo Marítimo 9-10.

Passion Café, Restaurant bzw. Organic Eatery & Juice Bar, 6x in Ibiza.
Hier: Santa Eulària, Juan Tur 13 Edificio Punta den Mayol, Locales 1 y 2, Tel: +34 971 8 07 32

Finca für Feinschmecker

62 *Das Casa Colonial*

Es ist schon ein Klassiker und das eleganteste Finca-Restaurant der Insel, leider auch eines der letzten, nachdem das „La Posada“ in Santa Eulària und das „Clodenis“ in Sant Rafel vor Jahren geschlossen haben. Von Santa Eulària kommend erblickt man das große, weiße Hinweisschild auf der linken Seite der Landstraße, hinter einem Holzhandel. Das Restaurant selbst liegt auf dem Hügel, zwischen den Bäumen unsichtbar. Wolfang Lettner hat das 400 Jahre alte Bauernhaus kernsaniert und behutsam renoviert, um das historische Flair zu bewahren. Dass Ibiza seine neue Heimat wurde, hat ihn selbst überrascht. Als er die Insel im Jahr 2000 zum ersten Mal betrat, war er voller Vorurteile gegenüber der „verrückten Partyinsel“. Man musste ihn überreden zu kommen, doch schon nach wenigen Tagen war er verzaubert. „Das ausgeprägte Naturerleben und die Menschen in ihrer Art und Vielfalt haben mein Bild auf Anhieb verändert“, sagt er im Rückblick. „Diese Form des Zusammenlebens mit Respekt und Toleranz. Jeder hat das Recht, zu tun und zu sein, was er möchte, solange er jedem anderen das gleiche Recht zugesteht. Das ist das ungeschriebene Gesetz der Insel.“ Vielfalt und Freiheit strahlen auch die unterschiedlichen Räume und Terrassen aus. Das authentische Finca-Ambiente spürt man im Winter am intensivsten. Besonders gemütlich sitzt man am prasselnden Kaminfeuer; die dicken Holzbalken an der Decke strahlen Behaglichkeit und Wärme aus. An den Kern der alten Finca schließen sich Terrasse und Wintergarten an, beide mit Schiebetüren, ideal für Halloween- und Silvesterpartys, Frühjahrstage und laue Sommernächte. Variantenreich ist auch die mediterrane Küche. Menüauftakt: ein Potpourri an Vorspeisen. Zart und saftig: das Rinderfilet mit Estragonsauce, das den Namen des Hauses trägt. Wolfgang Lettner hat viele deutschsprachige Stammgäste, aber auch Spanier, Franzosen und andere Genießer lassen sich hier verwöhnen, feiern Geburtstag und Hochzeit in dieser stilvollen und weltoffenen Atmosphäre.

TIPP

Das Casa Colonial bietet professionelles Catering für 15 oder 500 Personen, inkl. Locationsuche.

Casa Colonial, Finca-Restaurant & Caterer, Carretera Santa Eulària, km 2, 07840 Santa Eulària des Riu, Tel. +34 971 33 80 01, www.casa-colonial-ibiza.com

Kirchhof mit Meerblick

63 *Der Puig de Misa in Santa Eulària*

Man erblickt ihn schon von Weitem: den dicht bewachsenen Kirchhügel Puig de Misa von Santa Eulària, gekrönt von der Wehrkirche und dicht gedrängten weißen Häusern. Ein Postkartenensemble, das man im Vorbeifahren aus dem Autofenster bewundert – aber auch auf einem malerischen Spaziergang entdecken kann. Er beginnt (oder endet) an der Flussmündung des Riu de Santa Eulària am westlichen Ende der palmenbestandenen Strandpromenade und folgt einem gewundenen, begrünten Flusslauf zur Pont Vell, der alten Brücke unweit des Ortseingangs. Ein kleiner Wasserfall erinnert an regenreichere Zeiten. Einst führte dieser Fluss – der größte der Insel – ganzjährig Wasser; heute spült das Meer Wasser ins trockene Flussbett und erweckt in diesem „Stadtpark" den Zauber einer beschaulichen Flusslandschaft.

Das Schönste an der Wehrkirche sind die mächtige Vorhalle und der winzige Friedhof mit Blick aufs Meer. Ein verträumter Garten, dem Alltag entrückt und dem Himmel nah. Bescheidene Gräber unter schlanken Zypressen. Christliche Kreuze und jüdische Sterne nebeneinander. Toleranz und Gemeinschaft am Fuß der Kirchenmauern. Ein idyllischer Ort voller Anmut und Poesie. Man ist nicht erstaunt, dass der Namensgeber dieses lauschigen Friedhofs ein Dichter ist: „Jardi del Poeta Isidor Macabich", übersetzt „Garten des Dichters", lautet die Kachelinschrift auf der weiß gekalkten Mauer. 1883 in Ibiza geboren, 1973 in Barcelona gestorben, war Isidor Macabich Ibizenker mit Leib und Seele. Seine Hinterlassenschaft, eine vierbändige Dokumentation der Inselgeschichte, hat das Selbstbewusstsein der Insulaner gestärkt und dem politisch und sozial engagierten Intellektuellen hohes Ansehen verliehen. Zahlreiche Straßen sind nach dem populären Priester, Schriftsteller und Historiker benannt; in der Oberstadt der Inselhauptstadt (am zentralen Platz hinter dem Hauptportal links, der Stadtmauer folgen) sitzt er als lebensgroße Bronze mit Hut, Buch und Soutane auf einer Bank und lässt sich gern mit Passanten ablichten.

TIPP

Direkt nebenan: Museo de Etnografía in einer authentischen Finca, Av. Pare Guasch.

Puig de Misa, 07840 Santa Eulària des Riu

Take a walk on the wild side

64 *Hostal La Torre am Cap Negret*

Ibiza, Musik und Sonnenuntergang – bei diesem Dreiklang denken viele sofort an das Café del Mar, das kultige Sunset-Café an Sant Antonis Sunset-Strip. Seit 1980 begleitet die Musik hier die Sonne auf ihrem Weg zum Horizont; sie hat den Mythos Ibiza mitgeprägt. Die Leichtigkeit des Seins in entspannten Vibes. Kein Café an der Sunset-Meile von Sant Antoni spielt bessere Musik. Und doch gibt es am Stadtrand einen Ort, der dem Klassiker den Rang streitig machen könnte: das Hostal La Torre am Cap Negret. Etwa vier Kilometer bzw. eine knappe Stunde Fußweg liegen zwischen den Terrassen, beide aus Holzplanken auf nacktem Fels, beide von glücklichen Hedonisten bevölkert und von atmosphärischer Musik live bespielt. Der Unterschied: Während sich im Café del Mar die Massen drängen, spürt man im Hostal La Torre die ungezähmte Wildheit der Westküste. Schroffe Felsen, die erst sacht, dann immer steiler zum Meer abfallen. Eine abgeschiedene und ursprüngliche Naturlandschaft, weit entfernt von allen Bettenburgen – so fühlt es sich zumindest an. Das Hostal liegt hoch über dem Meer, umrahmt von Wacholderbüschen und knorrigen Pinien; man könnte zum Wasser hinunterklettern und an windstillen Tagen im Felseinschnitt schwimmen gehen. Doch warum sich fortbewegen von diesem wunderbaren, dem Touristen-Tumult entrückten Platz? Der Blick schweift nach Norden über die scheinbar menschenleere Küste bis zur riesigen Felsnase der Punta Galera. Ein lockendes Ziel. Es braucht keinen Führer, um vom Café del Mar zum Hostal La Torre und weiterzuwandern. Man folgt einfach der Küstenlinie. Der geteerte Uferweg wird zum Sand- und Felsweg, erklimmt die Steilküste, verläuft auf den Klippen, schlängelt sich an weiß getünchten Gartenmauern entlang, passiert (im Winter verträumte) Buchten: CalaGració und – winzig und verwunschen – Cala Gracioneta. Im Hostal La Torre streckt man die Beine aus und überlegt, ob man jetzt schon zum Essen bleibt oder lieber auf dem Rückweg mit Sonnenuntergang.

TIPP

Aquarium am Cap Blanc. Kraken, Quallen und Fische in natürlichen Meeresgrotten.

Hostal La Torre, Carretera Cap Negret, 25, 07820 Sant Antoni de Portmany, Tel. +34 971 34 22 71
www.latorreibiza.com

Die Lust der Vielfalt

65 *Die Tapas-Bar El Destino in Sant Josep*

Destino bedeutet Schicksal. Ein großer Name für eine kleine Tapas-Bar. Das charmante Gebäude im Kolonialstil liegt im Zentrum von Sant Josep und blickt von einer Anhöhe zur Dorfkirche hinab, die – besonders nachts im Licht der Scheinwerfer – in ihrer Schlichtheit das Herz erwärmt wie ein ehrlicher Vino tinto. Der Kirchenvorplatz grenzt an die Hauptstraße, die in so angenehmer Entfernung verläuft, dass man sie in der Tapas-Bar gar nicht spürt. Im Sommer wandern die Holztische aus dem Innenraum auf die (stillgelegte) Straßenkreuzung vor der Veranda. Sant Josep liegt in hügeligem Gelände, am Fuß des Sa Talaia, Ibizas höchster Erhebung. Es gibt mehrere Wanderwege zum 487 Meter hohen Gipfel und beim fünfstündigen Auf- und Abstieg kann man sich hungrig laufen. Mindestens zwei Dutzend Tapas-Varianten stehen im El Destino zur Auswahl, aus der spanischen, arabischen und asiatischen Küche: von Gambas al ajillo bis Tajine & Co. Die Menükarte gibt einen Vorgeschmack, doch entscheiden muss man sich erst an der Glasvitrine. Man wartet, bis man an der Reihe ist, dann wird man zur Theke begleitet und erhält zur Entscheidungsfindung ausführliche Erläuterungen. Oder man bestellt mit Augen und Zeigefinger, ganz ohne Sprachbarriere. Lieber die kleinen Portionen wählen, damit man mehr probieren kann! Fürs Dessert kann man sitzen bleiben. Die Auswahl wird auf einem Tablett am Tisch präsentiert. Gut möglich, dass man sich noch einmal verführen lässt, obwohl man ja eigentlich schon satt und glücklich ist.

Nicht weit von hier kehrte der Dada-Künstler Raoul Hausmann ein. Er flüchtete im März 1933 vor den Nazis nach Ibiza und lebte drei Jahre in Sant Josep. Mit Frau und Geliebter; eine spannungsreiche Ménage-à-trois, die auf der toleranten Insel niemanden störte. Für Raoul Hausmann war Ibiza der Inbegriff der Freiheit. Hier schrieb er das Buch: „HYLE. Ein Traumsein in Spanien“. In der Bar Can Llorenc erinnert eine Tafel an seine Freundschaft mit dem damaligen Bürgermeister Llorenc Carbonell.

TIPP KM 5 Ibiza, Lounge-Restaurant & Club mit Glamour und Garten. Gute Musik. Ctra. Sant Josep km 5,6.

El Destino, Tapasbar, Carrer sa Talaia, 15, 07830 Sant Josep de sa Talaia, Tel. +34 971 80 03 41
www.destinosanjose.es

Savoir-vivre mit Couscous

66 *Das Restaurant im Boutique-Hotel Les Terrasses*

Das leuchtende Blau von Yves Klein weist den Weg. Eine Farbe, kein Wort. Es markiert den Abzweig von der Landstraße und den Fußweg durch den verwunschenen Garten, vom Parkplatz zum Restaurant. Wer hier diniert, ist auserwählt. Ein breites Eisentor verschließt die Zufahrt zum Territorium des Les Terrasses. Man klingelt, stellt sich persönlich vor und wird eingelassen. Besonders am Dienstag, wenn es Couscous gibt, darf man sich glücklich schätzen, dabei zu sein. Im Sommer breiten sich die Tische über mehrere Terrassen und manchmal bis in den Garten aus. Drei Tage im Voraus sollte man (mindestens) reservieren, denn so lange dauert die Vorbereitung dieser marokkanischen Spezialität. Am Sonntag wird asiatisch gekocht, an den anderen Tagen französisch-mediterran. 3-Gänge-Menü statt „A la carte". Kleine Auswahl: Fleisch, Fisch und vegetarisch. Zum Dessert ein sensationell guter „Macaron au chocolat" oder „Tartelettes aux fraises", dünne, knusprig-buttrige Kuchenschiffchen gefüllt mit Erdbeeren. „Merveilleux", schwärmen die zahlreichen französischen Stammgäste. Das versteckte Paradies ist ein Rückzugsort für Menschen, die den leisen Genuss lieben. Das Les Terrasses entstand lange, bevor „Agroturismo" in Ibiza Mode und mehr und mehr Bauernhäuser zu Landhotels wurden. Es ist elitärer und raffinierter, „très sophistiqué", um es in der Muttersprache der Inhaberin, Madame Pialoux alias Mimine (wie man sie auf der Insel nennt), auszudrücken. Jeder Raum strahlt individuelle Klasse und Schönheit aus. Und spätestens beim Anblick des kleinen schwarzen Klaviers auf der überdachten Terrasse ist klar: Hier sind nur kultivierte Gäste. Und Feinschmecker natürlich! Für sie und alle Hobbyköche hat Francoise Pialoux jetzt ein Kochbuch veröffentlicht: „Ibiza entre Terre & Mer". Wer sich mit den französischen Texten schwertut, kann sich an den atmosphärischen Bildern laben. Familienküche, leicht und gesund, sonnenverwöhnt, gesellig und freigiebig wie die herrliche Insel.

TIPP Cala Olivera, verschwiegene Privatbucht. Hinter dem Eingang der Urbanisation Roca Llisa links halten.

Das Restaurant im Boutique-Hotel Les Terrasses, Carretera de Santa Eulalia, km 1, Tel. +34 971 33 26 43, www.lesterrasses.net/informarse

Oase auf der Treppe

67 *Die Cocktailbar S'Escalinata in Dalt Vila*

Die bunten Sitzkissen sehen ausgesprochen einladend aus, obwohl sie auf dem Boden liegen, genauer auf den Treppenstufen der Oberstadt. Unglaublich malerisch sind die blendend weißen Altstadthäuser mit ihren Holztüren und Balkonen, die das fotogene Bühnenbild abgeben. Eine Fata Morgana im Trubel der Hochsaison? Im Gegenteil: eine wahre Oase mit fruchtigen Cocktails und hausgemachten Kleinigkeiten. Im oberen Teil von Dalt Vila sitzt man immer idyllisch und ruhig, auch wenn in der Unterstadt die Post abgeht. Zwar dringt ein Teil des brodelnden Hochbetriebs über die große Rampe bis zur traumhaft schönen Plaça de Vila, dem malerischen Empfang und Epizentrum der Oberstadt, doch die meisten Urlauber bleiben auf dem ungeheuer pittoresken Platz, der durch Restaurants, Boutiquen und Bars belebt wird. Nur wenige entdecken das Labyrinth der Gassen, in denen gewohnt, gespielt und gewaschen wird. Dabei entfaltet sich erst hier der wahre Charme der Oberstadt. Also quer hinüber, vorbei am Restaurant „El Olivo" und der schmalen, gewundenen Straße folgen. Nach etwa hundert Metern erreicht man die Plaça del Sol, von der man zum S'Escalinata hochschaut. Der „Sonnenplatz" liegt oberhalb der Stadtmauer, gleich hinter der Brüstung. Man überblickt die Dächer der Unterstadt und die Plaça del Parque am Fuß der Befestigung, die zu jeder Jahreszeit voll und lebendig ist. Doch was im Winter perfekt ist, kann im Hochsommer zu viel sein. Dann ist die Devise: ab nach oben. Ein Tordurchgang in der seitlichen Stadtmauer (am Plaça Reina Sofia), verbindet die Plaça del Parque und die Plaça del Sol in wenigen Schritten. Ist man erst oben, kann man auch einfach an den Festungsmauern entlanglaufen, von Aussichtsterrasse zu Aussichtsterrasse. Der Blick auf Stadt, Hafen und Meer ist umso prachtvoller, je höher man kommt. Im Sommer finden auf den Zinnen regelmäßig Musik-Events statt, seit Jahren ein Jazzfestival im August.

TIPP „Adrenaline", Schmuck, Taschen & mehr. Der Name ist Programm! Plaça de Vila 23.

S'Escalinata, Carrer Portal Nou, 10, in der Oberstadt Dalt Vila, oberhalb der Plaça del Sol

COCKTAILS
TAPAS

Varieté mit Herz & Drive

68 *Das Heart im Hafen von Ibiza-Stadt*

Ferran Adría ist Küchenchef im Heart. Feinschmecker werden jetzt aufhorchen, denn der spanische Starkoch und Kochkünstler sorgte mit der Erfindung der Molekularküche für nie gekannte kulinarische Höhenflüge seiner Gäste. Sein Restaurant El Bulli führte jahrelang die Weltbestenliste an; 2007 war es ein kulinarischer Außenposten der documenta in Kassel. Experimentierfreudig und revolutionär ist die Kochkunst von Ferran Adría, darum passt sie wie naturgegeben zu der unkonventionellsten Baleareninsel. Der Katalane kennt sie aus seiner Jugend; er kam zum Feiern und befüllte die Urlaubskasse mit Tellerwaschen im Club Cala Llenya in Es Canar. Die jetzige Adresse ist exklusiver: Essen und Feiern spielen auch im Heart die Hauptrolle, garniert mit der Performancekunst des Cirque du Soleil. Guy Laliberté, Gründer des Zirkusunternehmens, und Albert, Bruder von Ferran Adría, sind Partner bei diesem VIP-verdächtigen Unterhaltungs-Venue in drei Teilen. Auf der Dachterrasse des Heart genießt man kreatives Fingerfood zwischen Marktständen und Zirkusfiguren, ein nahezu surrealistisches Gesamtkunstwerk. Wer ein mehrgängiges Menü mit künstlerischer Untermalung bevorzugt, bucht einen Tisch im Dining-Room. Eine 360-Grad-Erfahrung, preisen die Macher das Dinner-Show-Erlebnis an. Dritte kalorienarme Option ist der Clubbereich, in dem Musik und Live Acts serviert werden. Die bekannteste und extravaganteste Party(-Reihe) ist „La Troya“ von Brasilio de Oliveira, ein Fest für LGBT-People, also alle sexuellen Ausrichtungen – Ibiza ist schließlich die Insel der Freigeister. Zirkus überall. Option 2 und 3 erinnern entfernt an Lio und Pacha, also rauf auf die Dachterrasse. Es wäre ja auch viel zu schade, den lauen Sommerabend zu vergeuden. Im Winterhalbjahr sieht die Sache anders aus. Bei einstelligen Nachttemperaturen lässt man sich im Heart gerne einheizen, zum Beispiel beim International Jazz Festival. Im März 2020 war hier Premiere, ein Highlight für Einheimische, Residenten und handverlesene Wintergäste.

TIPP Teatro Ibiza. Nachfolger des legendären Live Music Clubs Teatro Pereyra. Carrer de Carles III, 24.

Heart, Passeig Joan Carles I, 17, 07800 Eivissa, Tel. +34 971 93 37 77
www.heartibiza.com

HEART
IBIZA
1ST INTERNATIONAL
FESTIVA
JAZZ
POINT
IBIZA

Aus Erde geformt

69 *Die Töpferwerkstätten in Sant Rafel*

Die klassische ibizenkische Keramik ist von zeitloser Schönheit. So ikonisch wie die Architektur der Finca. Die Phönizier brachten die Töpferscheibe auf die Insel und mit ihr eine Kunstfertigkeit, die sich in den Gegenständen des Alltags spiegelte: Schalen, Amphoren, Krüge, Öllampen und Figuren. Klar, dass die jahrtausendealten Vorbilder noch immer Fundus und Inspirationsquelle für die einheimischen Töpfer sind, allen voran die schöne Göttin Tanit. Ein beliebtes Mitbringsel: tönerne Repliken punischer Originale und moderne Neuschöpfungen. Doch die Töpferkunst ist im Verschwinden begriffen, erdrückt von der industriellen Massenfertigung. In Sant Rafel, dem Inselzentrum der Töpferei, gibt es nur noch zwei Künstler, die den geschmeidigen Ton zum Leben erwecken. Einer ist Carlos Icardi, geboren in Uruguay. Er arbeitet in seinem Bauernhof Can Ferreret an der alten Straße nach Sant Antoní und experimentiert mit Materialien, Farben und Glasuren. Interessierte Besucher (und Käufer) sind willkommen, wie im nur wenige Meter entfernten Can Kinoto. Hier gehören Pityusen-Eidechsen und dickbauchige Bauersfrauen in ibizenkischen Trachten zu den Rennern. Carme Corominas führt die Werkstatt ihres verstorbenen Mannes, selbst eine Meisterin an der Töpferscheibe. Der gebürtige Argentinier Kinoto war nicht nur für seine Keramik, sondern vor allem für seine ausdrucksstarken Bilder berühmt. Der traditionellen Kochkeramik begegnet man eher in einem typischen Landgasthof, spätestens, wenn die Crema Catalana serviert wird. Am schönsten sind die handgemachten Schalen, innen glänzend und am Boden unglasiert, bereit, auf dem offenen Feuer zu stehen. Geformt aus der roten Tonerde, die auch den frisch gepflügten Feldern ihre satte Farbe verleiht. In diesen tiefen, runden Auflaufformen werden Fleisch- und Gemüseeintöpfe viel saftiger und aromatischer als im gusseisernen Schmortopf. Originale gibt es im ländlichen Supermarkt Can Andreuet. Meist hängen einige Schalen am Gartenzaun.

TIPP Tonschalen bei Can Andreuet, 1 Kilometer hinter dem Ortsausgang von Santa Eulària Rtg. Sant Carles, linke Seite.

Can Kinoto, Av. Isidor Macabich 44, Sant Rafel, Tel. +34 971 19 82 62, Can Ferreret, Tel. +34 971 19 81 06

28€
12€

Semana Santa

70 *Die Karfreitagsprozession in Ibiza-Stadt*

Schon lange bevor die ersten Gestalten sichtbar werden, hallt das dumpfe Schlagen der Trommeln durch die Oberstadt, unterbrochen von schwermütigen, ergreifenden Melodien. Mehrere Blasorchester begleiten die Prozession, die sich in kleinen Schritten über das Kopfsteinpflaster bewegt, unendlich langsam, denn tonnenschwer lasten die schaukelnden Holzfiguren auf den Schultern. Je zwölf Männer tragen ein Heiligenbild in wiegendem Gleichschritt; immer wieder hält der Zug, damit sie verschnaufen können. Furcht einflößend wirken die Büßer mit ihren langen Kapuzenmänteln und den hohen, spitzen Hüten, die an die Vermummung des Ku-Klux-Klans erinnern. Dahinter verbergen die reuigen Sünder ihr Gesicht, eine Tradition aus der Zeit, in der die öffentliche Sühne verboten war. Jede Bruderschaft (cofradía) hat ihre eigenen Farben.

Die Karwoche oder Semana Santa (Heilige Woche) wird in Ibiza mit Hingabe gefeiert. Am Palmsonntag ziehen die Palmwedel festlich in die Kirchen ein, am Gründonnerstag die „Casas Santas", die an das Heilige Abendmahl erinnern. Am nächsten Morgen beginnt das Defilee der Heiligenstatuen mit Christus' Kreuzweg als Straßentheater, unbestrittener Höhepunkt aber sind die abendlichen Karfreitagsprozessionen, die gegen 20 Uhr beginnen. Die größte und eindrucksvollste führt durch die engen Gassen von Dalt Vila, von der Kathedrale hinunter in das Altstadtviertel an der Marina. Die Inbrunst der Gläubigen spürt man am stärksten in den schmalen Straßen nahe der Kathedrale, wo man sich an die Hauswand pressen muss, damit die Prozession passieren kann. Unversehens wird man Teil dieses imposanten Schauspiels, überschwemmt und mitgerissen von dieser bühnenstarken Gläubigkeit, dieser greifbaren Mischung aus Ehrfurcht, Tradition und Volksfest. Bis der malerische Festzug die große Rampe hinter dem Haupttor der Altstadt erreicht, sind mindestens zwei Stunden vergangen, und es ist dunkle Nacht geworden. Doch keiner schläft. Die ganze Stadt ist auf den Beinen.

TIPP

Am Abend des 5. Januar kommen die Heiligen Drei Könige leibhaftig und bringen den Kindern Geschenke.

Die Karfreitagsprozession in Ibiza-Stadt

Formenteras Farben

71 *Die Platja de Ses Illetes*

„Kleine Karibik“ ist einer ihrer Kosenamen. Es sind die Strände, die Formentera, die kleinste und südlichste der Balearen, berühmt gemacht haben. Es gibt hier keine Süßwasserquellen, aber zahlreiche lang gestreckte Sandstrände, die so flach ins Meer abfallen, dass das Wasser in karibischen Farben schimmert. Von hellem Türkisgrün bis Dunkelblau. Der berühmteste ist die Platja de Ses Illetes auf der Landzunge Trucador an der Nordspitze der Insel, deren ikonische Silhouette das Bild der Insel prägt wie kein anderes. Ihr Filetstück, dieser schmale Streifen heller Sand, den an beiden Seiten das Meer umspült, erinnert aus der Vogelperspektive an ein Südsee-Atoll. Wer an einem sonnigen Frühlings- oder Herbsttag hier die Füße in den Sand gräbt und in das seichte, kristallklare Wasser eintaucht, wird unweigerlich ins Schwärmen geraten. Die Stimmung wechselt mit den Jahreszeiten. Im Winter ist die Platja de Ses Illetes das exklusive Eldorado der Kitesurfer, im Hochsommer ein Aktivstrand mit Bar und Bistro, Tretboot und Kajak, Jetski, Bananaboot und Parasailing. Entspannung und Erlebnis eben. Still und einsam bleibt es dagegen auf der Halbinsel Espalmador, die eine unterirdische Landbrücke mit Formentera verbindet, genannt „El Pas“. Die Passage ist ein Wagnis, auch für gute Schwimmer. Besser auf Kanu oder Ausflugsboot vertrauen. Das unbewohnte Eiland gehört einer katalanischen Familie und den Vögeln und Eidechsen. Die Armada von Segelbooten und Jachten, die hier stets im Sommer lag, ist kleiner geworden, seit das wilde Ankern verboten ist – zum Schutz der wertvollen Seegraswiesen. Jetzt darf man nur noch an Ökobojen festmachen, die vom Umweltministerium überwacht werden. Schön für die Meeresflora und -fauna. Vorbei auch die Zeit, in der Nacktbader in Espalmadors Lagune stiegen und schlammbedeckt am Strand wandelten, damit die vermeintlich wohltuende Packung trockne. Inzwischen ist das Schlammbaden streng verboten. Nur die Eidechsen dürfen sich im warmen Erdreich sonnen.

TIPP Bei Vollmond kann man an der Platja de Ses Illetes Sonnenuntergang und Mondaufgang synchron erleben.

Die Platja de Ses Illetes auf Formentera

Deep Blue

72 *Vellmari und die Tauchgründe der Pityusen*

Zitronengelb leuchten die Taucherschiffe zwischen den weißen Jachten an der Hafenmole. Vellmari steht darauf, Mönchsrobbe auf Altspanisch. Einst tummelten sich hier die Meeressäuger mit den Delfinen. Zentraler könnte das Tauchcenter nicht liegen als hier, in der Mitte des Hafens von La Savina, wo die Fährboote aus Ibiza anlegen. Jeder, der in Formentera an Land geht, muss hier vorbei, denn jeder kommt mit dem Schiff. Einen Flughafen gibt es auf der kleinen Insel ja nicht. Zum Glück, sagen die meisten, auch wenn es die Anreise etwas verlängert – die Vorfreude wächst mit. Ibizas kleine Schwester ist wie gemacht für Menschen, die das Wasser lieben. Kristallklar und durchsichtig bis zum Grund. Helles Türkis über weißem Sand, schwarze Flecken im dunklen Blau: Wiesen aus Seegras mit Myriaden an Kleinstlebewesen, Heimat und Nahrungslieferant für Fischschwärme und Krebse, Seeaale, Muränen, Barsche, Barrakudas, Drachenköpfe, Schildkröten, Seepferdchen und unzählige andere Meerestiere. Eine fantastische unterseeische Welt, die sich schon beim Schnorcheln erschließt – doch noch viel mehr auf einem professionellen Tauchgang (ja, auch für Neulinge. Vellmari offeriert die ganze Palette der SSI-Zertifizierungen: vom Anfängerkurs bis zum Tauchlehrer). Wo, wenn nicht hier, könnte man sagen! Punta Gavina, Punta Rasa, Es Banc, Espardell, Es Vedra (vor Ibiza) … die Taucher von Vellmari kennen die besten Tauchgründe der Pityusen. Steilwände und Höhlen, natürliche und künstliche Riffe, wie die Plataforma Mariana, eine versunkene Fischfabrik vor der Küste von Formentera. Es dauert nicht lange, bis die Meeresbewohner einen Fremdkörper vereinnahmen und aus einem Schiffbruch spannende Tauchgründe entstehen: das Wrack der Hermanos Florit, eines Schleppnetzbootes, das im September 1995 an der Punta Pedrera auf Grund lief, oder das der Don Pedro, die 2007 einen Felsen rammte und sank, nur zwei Kilometer vor der Hafeneinfahrt von Ibiza-Stadt, eines der größten Wracks im gesamten Mittelmeer. Für Taucher ein Glücksort.

TIPP

Pasta mit Seeblick, Strand und Palmen: Café del Lago, La Savina, Av. Mediterrània 20.

Vellmari. Marina de Formentera 14, Puerto de La Savina, 07870 Formentera, Tel. +34 690 12 36 79, www.vellmari.com

TAGHeuer
VELLMARI

Wie im Film

73 *Der Piratabus an der Platja Mitjorn*

Über der Holzbude flattert die Piratenflagge, im Sand ein Sammelsurium von Holztischen und -stühlen. Wild und abgeschabt. In der Aprilsonne schmeckt das Bier am Piratabus so fantastisch wie seine Geschichte. Ein Filmstoff. Sie beginnt in Calatayud, einer spanischen Kleinstadt in Aragón. Hauptdarsteller: Pascual und Pablo, Besitzer einer Diskothek. 1970 tauchen ein paar Hippie-Deutsche auf, unterwegs nach Ibiza, schwärmen vom Spirit der Insel, von Freiheit, Natur, Stränden. Schon im nächsten Frühjahr reisen Pascual und Pablo auf die Pityusen. In ihrer Entdeckerfreude nehmen sie die Fähre nach Formentera, erkunden die Insel mit dem Fahrrad. Und schon nach wenigen Tagen steht ihr Entschluss fest: Hier wollen sie bleiben. Sie verkaufen die Diskothek auf dem Festland und mieten sich auf Formentera ein Häuschen, nahe der Mühle von San Ferrán. Vermutlich hatten sie die Vibes in den Wänden gespürt: Pink Floyd waren Vormieter. Sie genießen das einfache, freie Leben in vollen Zügen. Als ihr Geld zu Ende geht, kellnern und grillen sie im Club Maryland. Bis sie den Job verlieren, weil Touristen fehlen. Und wieder ein Wink des Schicksals: Ein Kollege erzählt von einer Strandkonzession. Genau, das wär's – etwas Eigenes! Jetzt brauchen Sie nur noch Raum und Mobiliar bzw. eine kreative Idee. Und die haben sie: ein ausrangierter Linienbus wird zur Strandbar und erlebt unter der Piratenflagge (Pascuals Spitzname: pirata) seinen zweiten Frühling. Ein ungewöhnlicher und anziehender Treffpunkt am Mitjorn-Strand! Mitte der 80er-Jahre ist Schluss. Plötzlich heißt es: keine Genehmigung, verschandelt die Landschaft. Der Bus musste weg, der Name blieb, auch wenn er heute eine Holzbude krönt. Im Sommer (Anfang Mai bis Ende Oktober) ist sie täglich belagert, im Winter nur an den Wochenenden, aber immerhin. Der Piratabus ist eine Familienkutsche. Seit dreißig Jahren sitzt neben Pascual Edith am Steuer. Auch sie liebte Formentera vom ersten Moment: die Weite, die Freiheit, den Wind im Haar.

TIPP In drei Wochen zur selbst gebauten Gitarre. Mit Ekkehard Hoffmann und Formentera Guitars.

Piratabus, Strandbar an der Platja Mitjorn, 07872 Es Caló, Formentera

WAVE BOARD

Stiller Traum

74 *Sant Francesc im Winterhalbjahr*

San Francisco ist die Hauptstadt von Formentera, Regierungssitz und größter Ort, wobei die ganze Insel in Verwaltungssachen eine Gemeinde ist. Der offizielle katalanische Stadtname klingt etwas sperriger und weniger strahlend: Sant Francesc oder Sant Francesc Xavier de Formentera; wie immer ist der Namensgeber ein Heiliger. Die Festungskirche wurde im 18. Jahrhundert erbaut, als sich die Insel von dem Exitus durch Pest und Piraten zu erholen begann. Mit seinen meterdicken Mauern und dem gepanzerten Hauptportal dokumentiert der mächtige Wehrbau den unbedingten Willen der Insulaner, künftigen Überfällen zu trotzen, wie es die Schwesterinsel in den vergangenen Jahrhunderten vorgemacht hatte. Seeräuber gab es immer noch, jetzt sogar ibizenkische (siehe Glücksort Torre de Campanitx). Umkämpft sind heute nur noch die Plätze in der Bar del Centro gegenüber der Kirche, aber nur im Hochsommer. Die meiste Zeit des Jahres strahlt Sant Francesc dörfliche Ruhe aus, höchstens die Lokalpolitiker echauffieren sich über die neuesten Beschlüsse der Zentralregierung und die notwendige Antwort des Consell Insular. Die Probleme der Menschheit finden anderswo statt, nicht hier, auf diesem stillen Platz mit seinen schmucken, weißen Häusern, den hohen Palmen und einladenden Ruhebänken. Hingen nicht die Fahnen am Balkon, würde man das Rathaus gar nicht als solches erkennen. Man nippt am Glas und träumt, dass jetzt die Glocken läuteten und ein Brautpaar aus der Kirche träte, mit elegantem Gefolge – man säße hier in der ersten Reihe. Manchmal hat man Glück, auf Formentera wird gerne geheiratet, aber auch ohne Festzug ist dieser Ort ein Traum. Ein seliger, stiller, besonders im Winterhalbjahr, von Mitte Oktober bis Ende April, wenn die Boutiquen und Cafés geschlossen sind und die bunte, laute Sommer-Fröhlichkeit einer in-sich-gekehrten Beschaulichkeit weicht. Wenn die Flohmarkttische im Schuppen bleiben, die Katzen um die Tische streichen und die Überwinterer zum Stammtisch gehen.

TIPP

Hinter der Kirche findet dienstags und samstags ein kleiner Flohmarkt statt.

Sant Francesc de Formentera

Bar del Centro
ENSALADA CENTRO
ENSALADA QUESO
CABRA
ENSALADA DE ATÚN
ENSALADA GRIEGA
ENSALADA PARMESAN
TORTILLA ESPAÑOLA
TORTILLA
QUESO
TORTILLA
HUEVOS

Wandern mit Weitblick

75 *Der Römerweg auf Formentera*

„Camí de Sa Pujada" steht auf den Schildern, die zum Römerweg führen, dem alten, mit Steinen befestigten Weg, der bis zum Bau der Landstraße Mitte des 20. Jahrhunderts die Hauptverbindung zum Hochplateau von La Mola war. Das Pflaster erinnert an römische Straßen, doch ob es wirklich die Römer waren, die den Weg vom Fischerdorf Es Caló bis zur Halbinsel La Mola anlegten, oder doch eher die Augustinermönche, bleibt im Dunkel. Antike oder Mittelalter – nachdem der romantische Pfad für den Wander-Tourismus herausgeputzt wurde, ist die Geschichte zweitrangig geworden. Jetzt kann man die vier Kilometer mit Strandschuhen gehen, auch wenn der Wanderführer festes Schuhwerk empfiehlt. Wandern und Radfahren sind auf Formentera ganzjährig angesagt, denn die Entfernungen sind kurz und Steigungen selten. Auf „Grünen Routen" (es gibt 32 für Wanderer und Fahrradfahrer) passiert man Felder und Wiesen abseits der asphaltierten Hauptstraßen. Natursteinmauern begleiten die Landwege, mörtellos geschichtet wie auf Ibiza, eine Kunstfertigkeit, die Bewunderung weckt. Etwa 30 Kilometer liegen zwischen dem Hafen La Savina und dem Leuchtturm von La Mola, am anderen Ende der Insel. Als Filetstück gilt der Römerweg mit seinem herrlichen Panorama. Hinter dem Hotel Entre Pinos in Es Caló zweigt links die Route ab, führt Richtung Osten, durchquert einen Pinienwald, steigt auf zum Hochplateau. Unterwegs zwei sagenumwobene Höhlen und herrliche Aussichten auf die Küste, auf dunkelgrüne Pinienwälder und türkisblaues Meer. Imposanter Zwischenstopp: der Aussichtspunkt Es Mirador nahe der Steilküste, umgeben von wilder Felslandschaft. Am Horizont verschwimmt Ibiza im Dunst. Irgendwann erreicht man die Landstraße, folgt ihr ein Stück weit und verlässt sie auf der anderen Seite. Ein Feldweg führt durch die roten Weinfelder der Bodega Terramoll. Höhepunkt zum Schluss: der Blick vom Berg Talaiassa auf die lang gestreckte Insel. So groß hatte man sich Formentera bei der Ankunft im Hafen gar nicht vorgestellt.

TIPP Terrasse mit Traumblick über die ganze Insel. Restaurante El Mirador, PM-820. Km 14.300

Der Römerweg auf Formentera
Die Broschüre „Rutas Verdes" gibt es im Tourismusbüro, zum Beispiel in Sant Francesc, Plaça de la Constitució, 1

Inspiriert von der Natur

76 *Das Schmuckatelier von Enric Majoral*

Ein schmales, goldenes Band, geringelt wie eine Locke. So zart und biegsam wie ein Blatt vom Grunde des Mittelmeers, aber diese Analogie erkennt nur der Meeresbiologe auf den ersten Blick. Die Grashalme der berühmten Seegraswiesen haben den Goldschmied Enric Majoral zu der bezaubernden Form inspiriert. Sie gedeihen in den Tiefen des Naturparks Ses Salines, der sich von Ibizas Süden bis in den Norden von Formentera erstreckt und auch die kleinen Inseln dazwischen umfasst, als Weltnaturerbe geschützt von der UNESCO. Das feminine Schmuckstück ist gleichsam ein „Faden“ aus den üppigen Seegrasteppichen, die das Meer an stürmischen Tagen auf dem Strand ausbreitet. Berge langer, schmaler Blätter, von den Wellen in Stücke gerissen und aufgehäuft, in der Sonne getrocknet, von grau-brauner, bisweilen silbrig glänzender Farbe, die an verwittertes Holz erinnert. Der reinigenden Kraft dieser endemischen Wasserpflanze verdanken die Pityusen ihr kristallklares Wasser und diese filigranen Schmuckstücke ihre Ausstrahlung. Die faserigen Blüten der Posidonia landen als elastische Bälle am Strand, von der Strömung zusammengeballt. Ein Naturphänomen, das bei Enric Majoral zur Kunst werden könnte, so wie Muscheln, Korallen und andere Wesen der mediterranen Flora und Fauna. Geboren im katalanischen Sabadell, kam Enric Majoral schon in jungen Jahren nach Formentera, wo er die Goldschmiedekunst für sich entdeckte. Aus seiner Begabung wurde eine Berufung, aus einem kleinen Marktstand ein elegantes Geschäft. Inzwischen sind es fünf, zwei auf Formentera. Auch in Barcelona fertigt und verkauft Enric Majoral seine fantasievollen Kreationen. 2007 wurde er vom spanischen Ministerium für seine handwerkliche Kunst ausgezeichnet. Die poetischen Schmuckstücke kann man als Huldigung an die unterseeischen Schätze der Pityusen betrachten. Frau und Tochter unterstützen den Künstler bei seiner Arbeit. Sohn Roca ist als Modeschöpfer erfolgreich; er hat schon mehrere Preise erhalten. Kreatives Talent liegt wohl in der Familie.

TIPP Enric Majorals neuester Verkaufs- und Ausstellungsraum eröffnete jüngst in Ibiza, Calle de Annibal 8.

Enric Majoral hat auf Formentera zwei Geschäfte: Avenida de la Mola, 89, 07872 Formentera und Calle de Jaume I, 29, 07860 San Francesc Xavier, Formentera

Eldorado für Strandläufer

77 *Die Platja Mitjorn an Formenteras Südküste*

Fünf Kilometer Strand an einem Stück. Schon das ist ein Superlativ, wenn man das zierliche Eiland betrachtet. Aber mehr noch als die schiere Länge überwältigt die Vielfalt der Strandabschnitte, denn die Platja Mitjorn ist nicht ein einziger langer Strand, sondern eine malerische Kette unterschiedlichster Strände, einer schöner als der andere. Von Mal Pas im Westen bis Des Copinyar im Osten, dazwischen Ca Mari und Racó Rondo, Codol Foradat, Es Valencians und Es Arenals. Sie alle sind Teil des prachtvollen Halbmonds der Platja Mitjorn. Da gibt es atlantische Weite und mediterrane Buchten, romantische Höhlen und flache Felsterrassen, Dünenberge und schroffe Klippen. Eine kontrastreiche Naturlandschaft, die sich unter dem Ansturm der Wellen unaufhörlich, wenn auch fast unbemerkt verändert. Zur Vorauswahl des persönlichen Lieblingsstrandes empfiehlt sich ein ausgedehnter Spaziergang, vielleicht in der frischeren Jahreszeit, wenn alle Burgenbauer, Muschelsammler, Nacktbader und Partygänger abgereist sind und selbst Es Arenals, der populärste Familien-, Sport- und Freizeitstrand, sich selbst gehört. Wem fünf Kilometer Strandwanderung zu viel sind, kann die Strandabschnitte der Reihe nach abfahren. Die Natur hat es glücklich gefügt, dass die Platja Mitjorn an Formenteras schlanker Taille liegt. So sind alle Punkte des sichelförmigen Bogens schnell zu erreichen: Von der Landstraße, die die Insel mittig durchquert, zweigen die Straßen zum Meer ab wie die Rippen vom Rückgrat. Kein Wunder, dass die Vespas hier im Sommer so zahlreich sind wie die Schwärme von Moskitos am Binnensee Estany Pudent (auch Stinke-See genannt). Der Vorteil: Man kann an einem einzigen Tag im Kiosko62 (am westlichen Ende) Kaffee trinken, im Vogamari (in der Mitte) schlemmen und im Chiringuito Bartolo (am östlichen Ende) den Sundowner nehmen, ohne einen Strandmarathon zu absolvieren. Im August kann das Kräfte sparen. Im Oktober aber ist das Wandern durch die wilde Strandlandschaft ja das Allerschönste!

TIPP Legendär: Die Blue Bar, in der angeblich schon Bob Dylan und Jimmy Page abhingen.

Die Platja Mitjorn an der Südküste Formenteras

VOGAMARI

Treffpunkt bei Toni

78 *Das Gasthaus Can Toni in El Pilar de La Mola*

Antonio, kurz Toni, ist der beliebteste und häufigste männliche Vorname in Spanien. Bei den Mädchen ist es Maria, im katholischen Spanien keine Überraschung. Und weil auf den Pityusen die Orte nach den Heiligen und die Gasthäuser nach den Wirten benannt werden, ist Can Toni (Can von Casa gleich Haus) der klassische Name für diese Inselkneipe: das älteste und lange Zeit einzige Wirtshaus von El Pilar de La Mola, direkt neben der Kirche, dem einzigen Gebäude von vergleichbarer Bedeutung. Jahrzehntelang war das Can Toni der wichtigste Treffpunkt der Einheimischen und Zugezogenen von El Pilar: Bauern, Aussteiger, Künstler und Lebenskünstler. Der Ort, wo die Briefe ankamen und die Neuigkeiten, wo es Münztelefon und Fernseher gab. Die warme Stube bei Sturm und Regen, die Theke für Kaffee und Bier, der Tisch, um zu essen, zu reden, zu spielen, nach dem Gottesdienst und vor dem Abend – Grund gab es immer. Familie und Nachbarn, Geschäfte und Gerüchte, Taufen, Namenstage, Hochzeiten, Begräbnisse. Man traf sich zum Domino und zum Kartenspielen, Männer- und Frauenrunden, brav getrennt wie in der Kirche, in der auch die Ehepaare nicht zusammensitzen, sondern jeder auf seiner Seite: Frauen links, Männer rechts, dazwischen der Gang zum Altar. Das ist immer noch so. Kein Grund, alte Gewohnheiten über Bord zu werfen. Doch keiner zuckt, wenn die Zugereisten die Ordnung aufmischen. Toleranz ist alles und Gemeinschaft – auch wenn inzwischen jeder Insulaner einen eigenen Fernseher, ein Smartphone und ein Auto oder Moped hat. Und die Besitzer des Can Toni nicht mehr Toni heißen. Zumindest nicht alle: Eugenia Silva gehört dazu. Das spanische Topmodel stand bei der behutsamen Modernisierung Pate. Ihr Privathaus auf Formentera schmückt Magazine, sie hat Stil und Gespür für natürliche Schönheit. Zum Glück: Im Can Toní hat sich wenig verändert, vor allem eines nicht: die entspannte Atmosphäre. Gedränge gibt es nur an den Markttagen und bei Flamenco-Livekonzerten. Dann aber richtig!

TIPP Traumplätze zum Sonnenuntergang: die Felsen am Cap de Barbaria und das Chiringuito der Cala Saona.

Can Toni, Avinguda de la Mola, 1, 07872 El Pilar de la Mola, Tel. +34 971 32 73 77

can
toni

Hafen mit Geschichte

79 *Der Fischerort Es Caló de Sant Agustí*

Ein paar niedrige Fischerhütten, eine Handvoll weißer Häuser zwischen flachen Felsklippen – kaum vorstellbar, dass dieses pittoreske Fischerdorf einst Formenteras wichtigster Hafen war. Ursprünglich hieß der Küstenflecken „Caló des Frares“ (Bucht der Brüder), nach einer Gruppe Augustinermönche, die sich aus Furcht vor den Mauren vom spanischen Festland nach Formentera flüchteten. Das war um 826. Andere Quellen datieren die Anfänge von Es Caló in die Römerzeit. Sicher ist, dass die Halbinsel La Mola jahrhundertelang über diesen malerischen Naturhafen versorgt wurde. Durch die Lage an der Ostküste war er geschützt vor den Stürmen der Tramuntana. (Wie sehr die Winde das Inselleben bestimmen, erkennt man schon an den Namen der Strände. Die schönsten sind nach den Lüften benannt: Mitjorn, ein warmer Südwind, Llevant, ein milder Ostwind.) Schon im 19. Jahrhundert kehrten die Seeleute in der Fonda Rafalet ein und wärmten sich an dem Kräuterlikör, den der einheimische Fischer Joan Mari Mayans eigenhändig destillierte. Der Name kommt Ihnen irgendwie bekannt vor? Stimmt, auch wenn es die wenigsten wissen: Der beliebte Kräuterlikör „Hierbas Ibicencas“ wurde auf Formentera erfunden. Im Restaurante Rafalet serviert man ihn mit selbstverständlicher Freundlichkeit. Konkurrenzdenken ist den Menschen der Pityusen ohnehin fremd; man ist ja eine große Familie. Historisch gesehen stimmt das, denn Formentera wurde durch die Pest und die Korsaren komplett entvölkert; die Ibizenker nutzten die Schwesterinsel jahrhundertelang für die eigene Landwirtschaft. Erst im 18. Jahrhundert belebte sich die Insel wieder. Mitte des 20. Jahrhunderts gehörte Es Caló de Sant Agustí zu den ersten Orten, die sich den Hippies, Aussteigern und Touristen öffneten. Zur Fonda Rafalet gesellten sich mehrere Urlaubsapartments. Schlicht und unprätentiös, aber wie gemacht für Nostalgiker und alle, die sich reif für die Insel fühlen und bei „All Inclusive“ nur an Sonne, Meer, Pinien und Freiheit denken.

TIPP Caló des Mort, kreisrunde, idyllische Bucht auf der anderen Seite des schmalen Inselrückens.

Der Fischerort Es Caló de Sant Agustí auf Formentera

Mª AVELINA
Mª AVELINA
7ª-IB-3-1-16

Von Leuchtfeuer bis Firefox

80 *Die Halbinsel La Mola*

Von Weitem wirkt Formentera flach wie eine Flunder, doch wer die Insel mit dem Fahrrad durchquert, muss einen steilen Pinienwald bezwingen, bevor er in El Pilar de la Mola vom Sattel steigt. Das kleine Dorf liegt auf einem fruchtbaren Hochplateau, einer Art Halbinsel mit 120 Meter hohen Kalksteinklippen. 2,5 Kilometer weiter: ein schlanker weißer Leuchtturm am Rand der Steilküste. Jules Verne hat ihn erwähnt, eine Tafel erinnert daran. Hier fühlt man vor allem die Weite des Ozeans. Und eine gewisse Melancholie. Leuchttürme geben Licht und Sicherheit und stehen doch selbst an den einsamsten Orten. Zwölf Strahlen hat der Schweinwerfer vom Far de la Mola, ein außergewöhnliches Lichtbündel, schwärmt Javier Pérez de Arévalo, der letzte Leuchtturmwärter, der hier Dienst tat und wohnte. Am 30.11.1861 strahlte der Leuchtturm zum ersten Mal, zunächst mit Olivenöl befeuert, später mit Paraffin, dann Petroleum, bevor 1971 die Elektrizität Einzug hielt. Seit 2002 ist die Technik ferngesteuert; die früheren Wohnräume sind heute ein Museum. Still ist es hier, außer mittwochs und samstags. Dann lockt der Markt der Kunsthandwerker die Menschen nach El Pilar de la Mola. Am malerischen Hauptplatz spielt die Musik, auf dem Kopf der Friedenstaube, in der Mitte des leuchtenden Bodenmosaiks von Jaume Mateo. Zwischen Ethno-Schmuck und Blumenmode, Tüchern, Korbwaren und lokaler Kunst sorgen langhaarige Alt-Hippies für Lokalkolorit und nostalgisches Flair (und einen kuriosen Instagram-Feed), allen voran der Maler „Firefox“ mit seinem kunterbunten Federstrohhut. Der kauzige Künstler mit Berliner Schnauze, sein bürgerlicher Name: Jürgen Schulz, lebt seit vier Jahrzehnten auf Formentera; nur die Wintermonate verbringt er in der Heimat, nicht im Großstadtdschungel, sondern in der brandenburgischen Provinz. Er ist kein Menschenfeind, aber ein erklärter Gegner von Krach und Konsum. Das Künstlertum ist sein Broterwerb. Auf dem Hippie-Markt von La Mola verhelfen ihm Ohrstöpsel zur nötigen Ruhe.

TIPP Es Molí Vell de La Mola (in El Pilar ausgeschildert). Die 1778 erbaute Windmühle ist noch immer in Betrieb.

Die Halbinsel La Mola

Bibliografische Informationen der Deutschen Nationalbibliothek
Die Deutsche Nationalbibliothek verzeichnet diese Publikation in der Deutschen Nationalbibliografie; detaillierte bibliografische Daten sind im Internet über http://dnb.d-nb.de abrufbar.

Konzeption/Satz: Droste Verlag, Düsseldorf
Einbandgestaltung und Illustrationen: Britta Rungwerth, Düsseldorf, unter Verwendung von Bildern von © Fotolia.com: jd – photodesign.de; © iStock: Plociennik Robert
Fotos: Ute Liesenfeld, außer:
S. 113: Juan Sabatino, Munay Photography; S. 151: Manu San Félix; S. 153: Christiane Grannemann; S. 159: Majoral

FSC® www.fsc.org MIX Papier aus verantwortungsvollen Quellen FSC® C011279

Druck und Bindung: LUC GmbH, Greven
ISBN 978-3-7700-2268-7

www.droste-verlag.de